Selbstwirksamkeit aufbauen

Wie Sie Herausforderungen aus eigener Kraft bewältigen

Ingrid Barouti

1. Auflage

HAUFE.

Inhalt

Vorwort

»Wenn das mal gut geht!«, »Ich will schon, doch das kann ich nicht ...« – Kennen Sie solche Gedanken? Bewundern Sie Menschen, die mit einem überzeugten »Ja, das schaffe ich!« die Dinge anpacken, während Sie noch zögern, abwägen und überlegen? Sehr vielen Menschen geht es genauso. Sie sind weder feige noch unfähig – doch sie glauben meist wenig oder gar nicht an ihre Stärken und ihre eigene Kraft. Ihnen fehlt die Portion Selbstwirksamkeit, von denen die Abenteurer, die Draufgänger und die Helden dieser Welt vielleicht manchmal zu viel haben.

Selbstwirksamkeit hat Einfluss auf den Selbstwert, macht uns stabil und stark und wappnet uns für so manchen Sturm, für so manche Krise im Leben. Die gute Nachricht: Selbstwirksamkeit lässt sich gezielt aufbauen und stärken. Wie das gelingen kann und welche Hindernisse Sie auf dem Weg dorthin zur Seite räumen sollten, erfahren Sie in diesem TaschenGuide. Er lädt Sie dazu ein, sich und Ihre Selbstwirksamkeit besser kennenzulernen und zeigt Ihnen viele Übungen, die Ihren Glauben an sich selbst Schritt für Schritt beleben.

Es lohnt sich, den Weg zu gehen! Viel Freude dabei und unzählige »Ich schaff das!«-Erlebnisse wünscht Ihnen

Ihre Ingrid Barouti

Kraftvoll durchs Leben

Endlich das Steuer des Lebens selbst in die Hand nehmen, endlich das tun, was man schon immer anpacken wollte, aus eigener Kraft Ziele und Herausforderungen angehen. Selbst wirksam sein – das kann man lernen.

In diesem Kapitel erfahren Sie u. a.,

- was Selbstwirksamkeit in Ihrem beruflichen und privaten Leben bewirken kann,
- warum uns das Bedürfnis danach ein Leben lang begleitet,
- dass es möglich ist, an sich zu glauben und selbstwirksam zu werden.

Wirksamkeit: ein menschliches Grundbedürfnis

Seit vielen Jahren beschäftigen sich Experten aus Forschung, Medizin und Psychologie mit der Selbstwirksamkeit. Im Zuge der Gesundheits- und Burn-out-Prävention gewinnen die Erkenntnisse dazu immer mehr an Bedeutung für all diejenigen, die an Persönlichkeitsentwicklung interessiert sind. Auch in Unternehmen und Organisationen finden sie zunehmend Beachtung. Kein Wunder, denn Selbstwirksamkeit ist etwas ganz Elementares und Hilfreiches: Dahinter verbirgt sich unser aller Wunsch, das Leben aktiv zu gestalten, etwas aus eigener Kraft und eigenem Vermögen heraus tun zu können. Also WIRK-sam zu werden – und im besten Fall mit der Handlung und dem eigenen Tun Erfolg zu erzielen.

> Es ist ein Bedürfnis des Menschen, sich selbst als wirksam zu erleben.

Selbstwirksamkeit ist die Fähigkeit, durch Rückgriff auf die eigenen Kompetenzen ein gewünschtes Ziel zu erreichen bzw. eine Handlung ausführen zu können. Selbstwirksamkeit benennt die subjektive Selbsteinschätzung: »Ich kann aus eigener Kraft etwas bewirken!«. Sie bringt uns dazu, Sätze wie die folgenden zu sagen:

- Lass es mich wenigstens versuchen.
- Ich schaffe das schon.
- Lass mich mal machen.

- Ich kann das.
- Das traue ich mir zu.
- Ich weiß, wie es geht.
- Ich glaube an mich.
- Ich will noch etwas bewegen in diesem Leben.

Glaubt ein Mensch an seine Selbstwirksamkeit, heißt das jedoch noch nicht, dass er die persönlichen Fähigkeiten und Kompetenzen, an die er glaubt, auch wirklich hat. Und es bedeutet nicht, dass ihm dann immer alles gelingt. Doch wer sich als selbstwirksam erlebt, geht – trotz allem Auf und Ab – stabil und ausgestattet mit einem guten Selbstgefühl durchs Leben.

Selbstwirksamkeit: ein Leben lang

Der Mensch kommt als bedürftiges, ziemlich hilfloses Wesen auf die Welt. Doch schon ein Säugling wird (selbst-)wirksam durch sein Schreien oder Weinen, durch sein Lachen oder sein glückliches Glucksen. Das ist seine Art und Weise, seine Bedürfnisse vollkommen ungefiltert anzumelden. Auslöser dafür sind existenzielle Grundbedürfnisse nach Nahrung, Zuwendung, Geborgenheit, Nähe etc. Ein Säugling kann nicht anders, bewusste Entscheidungen trifft er nicht.

Zirka mit dem zweiten Lebensjahr kann man bei Kindern feststellen, dass sie ihr Tun und dessen Wirkung beobachten und deuten können. Sie beginnen nach und nach ihr Verhalten bewusst zu kontrollieren und zu steuern. Sie fangen damit an, ihre bisher erworbenen Fähigkeiten einzusetzen, um wirksam zu sein, um zu bekommen, was sie brauchen oder gerne hätten. Ein weiteres Anzeichen für ein wachsendes Selbstbewusstsein, also sich seiner selbst bewusst zu sein, ist, dass das Kind sich immer mehr als eigenständiges Ich erlebt. Es beginnt nun auch in der Ich-Form zu sprechen. Es erkennt sich erstmals im Spiegel. Das Ich erwacht und damit auch die Emotionen, die mit dem Ich-Erleben einhergehen: Scham, Verlegenheit, Schuldgefühl etc. Das Kind erlebt sich als Ursache von Ereignissen: »Wenn ich auf die weißen und schwarzen Tasten drücke, kommen Töne aus dem Klavier.«

Hier bilden sich die ersten Grundlagen der Selbstmotivation und der Bemühungen für eine Sache. Die Wirkung oder die ausbleibende Wirkung des eigenen Tuns wird nun zur Basis eines wichtigen Erfahrungsschatzes. Und genau hier gibt es viele Chancen und Möglichkeiten, ein Kind darin zu unterstützen,

- sich als stark und wirksam zu erleben,
- die eigene Wirksamkeit zu entdecken,
- die eigenen Erfahrungen als persönliche Erfolge oder Misserfolge einzuordnen,
- Misserfolge konstruktiv zu deuten und
- dadurch eine eigene Leistungsmotivation zu entwickeln.

Die frühen Wirksamkeitserfahrungen bilden den Grundstein für die künftige Selbstwirksamkeits-Erwartung und das Handeln.

Später kommt noch der Vergleich mit anderen hinzu. Wir beginnen damit, die an uns gestellten Anforderungen mit unseren Fähigkeiten abzugleichen. Wo kleine Kinder oftmals einfach arglos und mutig wagen, sind größere schon achtsamer. Das Leben und die Erfahrungen werden komplexer. Kinder erkennen, dass man nicht in allen Bereichen gleichermaßen stark sein kann. Es beginnt die Fokussierung und Vertiefung von Stärken. Wo vorher noch alles gleich wichtig war, geht es nun von der Quantität zur Qualität.

Das Bedürfnis wirksam zu sein, bleibt ein Leben lang.

Im frühen Erwachsenenalter üben wir uns durch Studium, Ausbildung, Berufswahl, Hobbys, Partnerwahl, Elternschaft in unserer Selbstwirksamkeit. Wir treffen Entscheidungen, bemühen uns um etwas oder lassen anderes sein. Wir üben Wirksamkeit innerhalb von Gemeinschaft, Partnerschaft, im Team, vielleicht sogar in einer kleineren oder größeren Öffentlichkeit.

Im mittleren Erwachsenenalter warten die nächsten Übungsfelder: Die Kinder gehen aus dem Haus. Es gibt Veränderungen im Beruf. Umzüge, Trennungen, Verluste – alles Situationen, in denen der Mensch sich wirksam oder auch phasenweise als unwirksam erleben kann.

Auch in den späteren Lebensjahren, wenn vieles erlebt, durchlebt und gelernt ist, bleibt der Wunsch nach Wirksamkeit erhalten. Wissen und Erfahrungen können dann an Kinder, Enkel oder an andere Menschen weitergegeben werden. Viele Menschen sind noch im Alter kreativ tätig, schreiben, musizieren, arbeiten, engagieren sich ehrenamtlich – und erleben und stärken damit ihre Selbstwirksamkeit.

Kleine Beispiele zum großen Bedürfnis nach Wirksamkeit

Der Glaube an uns selbst, die Überzeugung, etwas bewegen und bewirken zu können, ist für unseren Selbstwert von enormer Bedeutung. Um das etwas deutlicher zu machen, hier eine Situation mitten aus dem Leben.

BEISPIEL

Michael ist verliebt in Julia, eine Kollegin aus einer anderen Abteilung. Er weiß nicht, ob sie auch ihn mag. Wochenlang versucht er es über Blicke, kleine Gefälligkeiten und Arbeitsangebote zu ergründen. Sie ist jedes Mal freundlich und zugewandt. Doch er bleibt unsicher. Was tun? Beim nächsten Treffen in der Kaffeeküche lädt er sie ein zu einem Abendessen. Sie sagt ja und sie verabreden sich für den Freitagabend.

Eine Geschichte, wie sie sich hundertfach ereignet, tagtäglich. Wir wissen nicht, wie es weitergeht. Wir wissen jedoch eines: dass Michael etwas getan hat. Sein mutiges Ansprechen hat ihn zumindest einen Schritt weitergebracht. Nämlich zu einem Date mit Julia und damit zu der Chance, sie näher kennenzulernen.

Auch das ist Selbstwirksamkeit.

»Klar«, werden Sie jetzt vielleicht denken, »das ist doch normal!« Doch wie oft sprechen Sie etwas direkt und offen an, was Ihnen sehr wichtig ist und aus irgendeinem Grund sehr heikel?

BEISPIEL

Greta ist seit zwei Jahren in einem mittelständischen IT-Unternehmen tätig. Sie hat in diesem Jahr das Ziel einer Umsatzsteigerung von 15 % für ihren Produktbereich locker erreicht. Beim Mitarbeitergespräch wird dies lobend erwähnt. Doch erfährt sie darüber hinaus keine weitere Anerkennung dafür. Was sie gerne hätte, ist eine Gehaltserhöhung.

Nur weiß das niemand außer Greta.

Sie übernimmt in der Folge aktiv, sehr engagiert und aus eigenem Impuls heraus Projekte, Sonderaufgaben und mehr Verantwortung. Sie macht Weiterbildungen und unterstützt Kolleginnen und Kollegen. Doch die erhoffte Anerkennung erhält sie auch nach all diesen Anstrengungen nicht. Sie ist enttäuscht und überlegt schon, ob sie das Unternehmen verlassen soll. Denn mittlerweile würde sie auch gerne eine Führungsaufgabe übernehmen ...

Nur weiß das niemand außer Greta.

Selbstwirksam wäre es, wenn Greta das, was in ihr vorgeht, nach außen transportieren, kommunizieren würde – wenn sie also ihre Wünsche ihrem Chef mitteilen und sich mit ihm abstimmen würde über ihre Pläne und Vorhaben.

Ähnliche Geschichten höre ich häufig genau so und in vielen Varianten von meinen Coaching-Klienten oder auch Seminarteilnehmern, von Führungskräften wie von Mitarbeitern. Ob im Beruf oder im Privatleben – die Gedanken sind immer die gleichen: »Der andere müsste doch sehen, dass ich ...«, oder auch anders herum: »Keiner sieht mich!«.

Sehen tun die anderen es vielleicht schon, nur ahnen sie vielleicht nicht die Bedeutung, die es hat. Uns kann also viel Enttäuschung erspart bleiben, wenn wir mehr reden und weniger erwarten. Reden ist eines der stärksten Selbstwirksamkeits-Werkzeuge. Wir könnten sagen, was wir wahrnehmen, erklären, wie wir darüber denken, äußern, was wir fühlen, sagen, was wir brauchen: unsere Wünsche, Befürchtungen, Lob und Anerkennung und vieles mehr, was anderen oft verborgen bleibt.

Auf welche Weise wollen Sie beitragen?

Nicht nur in der Kommunikation spielt Selbstwirksamkeit eine Rolle, sondern auch in unserem Tun. Jeder Mensch will wirksam sein in seinem Handeln. Etwas zu bewirken, etwas beeinflussen zu können, ist ein Grundbedürfnis in uns allen. Das wird in großen und kleinen Alltagserlebnissen sichtbar.

BEISPIEL

Sie wünschen sich, dass Ihr Buchtipp der Kollegin gefällt. Sie hoffen, dass der Freund, den Sie im Unternehmen empfohlen haben, dort als Gewinn gesehen wird. Wenn Sie etwas verschenken, verschenken Sie etwas, von dem Sie glauben, dass es dem anderen Freude macht. Sie geben gerne einen Rat und freuen sich, wenn er angenommen wird und er hilft. Sie wünschen sich Trost, wenn Sie weinen. Ihre Kinder wünschen sich Lob für eine tolle Leistung oder eine besondere Anstrengung. Wenn Sie mit Ihrem Vorgesetzten über ein Problem sprechen, wünschen Sie sich, dass er es gemeinsam mit Ihnen löst.

Diese Beispiele und viele mehr zeigen, dass sich Menschen

- ein positives Ergebnis,
- eine Wirkung,
- eine Bedeutung oder auch
- eine Resonanz

wünschen, wenn es um ihr Handeln oder Sein geht.

Was ist aber, wenn wir uns selbst als nicht wirksam erleben? Wenn wir denken: »Was ich tue, wirkt nicht. Ich kann nichts tun. Meine Bemühungen bringen keinen Erfolg. Wie sehr ich mich auch anstrenge, es hilft nichts«? Das subjektive Erleben, nichts bewirken zu können, schwächt uns. Wir fühlen uns dann ausgeliefert und ohnmächtig. Wer sich selbst als nicht-wirksam erlebt, wird mit der Zeit mürbe, kraftlos oder je nach Typ aggressiv oder depressiv.

Die Grundlagen der Selbstwirksamkeit

In der Entstehungsphase dieses TaschenGuides habe ich eine Umfrage zum Thema Selbstwirksamkeit durchgeführt. Unter anderem habe ich die Teilnehmer gefragt, was es braucht, um selbstwirksam zu sein. Die Auswertung der Antworten bestätigt, was der bedeutende, vielfach ausgezeichnete kanadisch-amerikanische Psychologe und Soziologe Albert Bandura Ende der 1970er-Jahre erkannt hat.

Bandura hat den Begriff der Selbstwirksamkeit – Self-efficacy – geprägt. Er beschreibt die Selbstwirksamkeit als Eigenschaft und auch als Haltung bzw. Überzeugung, die der Mensch über sich und sein Vermögen hat, mit Herausforderungen umzugehen. Diese Haltung bzw. Erwartung, etwas zu meistern, nennt er Selbstwirksamkeits-Erwartung. Sie hat nach Bandura eine große Bedeutung für unser Verhalten und unser Erleben.

Die beiden Begriffe, Selbstwirksamkeit und Selbstwirksamkeits-Erwartung, werden meist synonym verwendet.

Albert Bandura hat vier Faktoren herausgearbeitet, die Einfluss auf die Selbstwirksamkeit haben. Er hat diese nach dem Grad ihrer Bedeutung und Wichtigkeit für die eigene Selbstwirksamkeit geordnet.

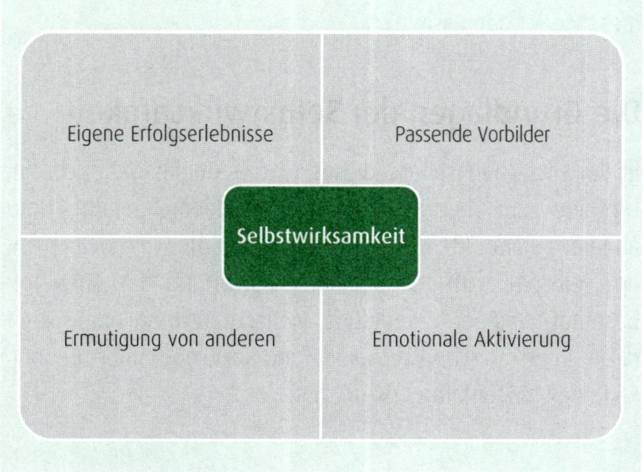

Die vier Faktoren der Selbstwirksamkeit

Faktor Nr. 1: Eigene Erfolgserlebnisse

Die Basis und wichtigste Grundlage für unsere Selbstwirksamkeit ist die Erfahrung, schwierige Situationen bewältigen und Herausforderungen meistern zu können. Damit wir uns als selbstwirksam erleben, brauchen wir also Erfolgserlebnisse. Diese positiven Erfahrungen stärken unseren Glauben daran, auch in Zukunft entsprechenden Situationen gewachsen zu sein. Im Umkehrschluss führen Misserfolge unter Umständen zu Selbstzweifeln und zur Vermeidung von bestimmten Situationen, von Veränderungen oder Konflikten.

Was wir daran erkennen können, ist auf jeden Fall eines: Der Mensch wächst mit den Herausforderungen. Er braucht sie förmlich, um »seelische Muskeln« zu bekommen, um innere Stärke und Vertrauen in sich selbst zu entwickeln.

> Ohne Herausforderungen kein Wachstum.

Der Erfolg alleine ist allerdings noch nicht ausreichend, damit wir uns selbstwirksam fühlen. Wir müssen ihn auch als solches erkennen, um das Erlebnis auf die Haben-Seite zu setzen. Das ist leichter gesagt als getan, wie auch meine Erfahrung aus der Praxis bestätigt: Viele meiner Klienten und Seminarteilnehmer berichten zwar von Erfolgserlebnissen, verbuchen sie jedoch für sich als Zufall, Glück oder als »nichts Besonderes«.

Faktor Nr. 2: Passende Vorbilder

Das Lernen von Vorbildern gehört vor allem in der Kindheit zur normalen Entwicklung dazu. Man nennt dies auch das »Lernen am Modell«, eine Lerntheorie, die ebenfalls vom Psychologen Bandura entwickelt wurde.

Bei diesem Lernprozess ahmen wir Verhaltensweisen und Denkwelten nach, die ein anderer, den wir als Vorbild sehen, uns vorlebt. Dieses Lernen funktioniert auch noch dann, wenn wir erwachsen sind: Positive und passende Vorbilder können uns ein hilfreiches Beispiel für Selbstwirksamkeit sein. Sie bilden die zweitwichtigste Grundlage für deren Entwicklung.

BEISPIEL

Kinder lernen gerade in den ersten Jahren vor allem von ihren Eltern oder nächsten Bezugspersonen. Dies geschieht einerseits durch die bewusste Erziehung, andererseits jedoch größtenteils dadurch, was sie um sich herum wahrnehmen: wie die Eltern miteinander umgehen, welches Lebensmodell ihnen vorgelebt wird und eben auch, »wie Selbstwirksamkeit geht«. Haben Kinder Eltern, die auf eine gute Weise für sich sorgen, etwas bewegen im Leben, mit Herausforderungen umgehen, so ist diese frühe Erfahrung wie ein Modell, das sie prägt.

Doch nicht jeder Vergleich mit anderen, nicht jedes Vorbild wirkt sich positiv auf unsere Selbstwirksamkeit aus. Vielleicht kennen auch Sie Menschen, die Sie sehr bewundern, die jedoch weit weg sind von Ihren eigenen Möglichkeiten oder Ihrem persönlichen Lebensstil und Ihrem Status. Wenn Sie sich positive Vorbilder aussuchen, die aus welchen Gründen auch immer »sehr weit weg« sind von Ihrer Lebenswelt, sind sie eher ungeeignet als Modell für eigenes Handeln. Der amerikanische Sozialpsychologe Leon Festinger nennt dies den Aufwärtsvergleich.

Auch ein Abwärtsvergleich bringt uns in puncto Selbstwirksamkeit eher wenig.

BEISPIEL

Manche Menschen empfinden Dankbarkeit für das, was sie haben, wenn sie »das Elend in der Welt« sehen.

Manch Kranker fühlt sich vielleicht etwas gesünder, wenn er noch Kränkere trifft.

> Positive und passende Vorbilder können uns auch im Erwachsenenalter ein hilfreiches Beispiel für die eigene Selbstwirksamkeit sein.

Faktor Nr. 3: Ermutigung durch andere

Ein weiterer wichtiger Faktor, der dabei hilft, die eigene Selbstwirksamkeit zu stärken, ist die Ermutigung durch andere Menschen. »Du schaffst das!« – diese und ähnliche Bestärkungen zeigen uns, dass andere uns etwas zutrauen. Sie unterstützen uns in unseren Vorhaben und Zielen und helfen bei der Bewältigung von Hürden.

Manchmal ist diese Ermutigung von anderen hilfreich und kraftspendend, vor allem, wenn sie von unseren Vorbildern kommt bzw. von Menschen, die wir ernst nehmen.

Doch ebenso häufig prallt Ermutigung an uns ab. Wir hören sie vielleicht gar nicht oder nehmen sie nicht als solche wahr. Und selbst wenn man sich vielleicht überzeugen lässt, etwas zu wagen, wird ein positives Ergebnis, eine gute Erfahrung nicht unbedingt langfristig als eigener Erfolg verbucht. Eher vielleicht als Zufall, als Ausnahme oder als »nicht so wichtig«.

Und wenn gar ein Misserfolg das Ergebnis ist, führt das mit großer Wahrscheinlichkeit zum Abflauen des vorher aufgebauten Glaubens an die eigene Stärke. Dort, wo die eigenen Selbstzweifel groß sind und die Selbstkritik stark ist, haben oftmals Ermutigungen von anderen wenig Chance, zu uns durchzudringen – selbst wenn die benötigten Fähigkeiten ausreichend vorhanden sind.

Wenn Sie lernen, sich selbst zu ermutigen, können Sie dem Zweifel ein kraftvolles Gegengewicht entgegensetzen.

Faktor Nr. 4: Emotionale Aktivierung

Egal, was wir denken oder tun, unser Körper ist immer und bei allem beteiligt. Sie erhalten ständig Signale von ihm, wie es um ihn steht und wie es ihm geht. Diese Signale geben uns laufend Rückmeldung, ob wir noch Kraft haben und über ausreichend Ressourcen verfügen oder ob wir unsere Energie bereits aufgebraucht haben und dringend eine Pause brauchen. Vielleicht kennen Sie das ja auch von sich selbst: Ist Ihnen eine Sache wichtig, erledigen Sie sie wahrscheinlich besonders aufmerksam und zielgerichtet. Müssen Sie dagegen etwas tun, das Ihnen eher lästig ist, haben Sie vielleicht Nackenschmerzen oder Sie spüren eine innere Unruhe.

Die bewusste Wahrnehmung von Körpersignalen und Gefühlen und deren Deutung hilft Ihnen, Ihre Selbstwirksamkeit zu stärken.

> Selbstwirksamkeit braucht ein Bewusstsein für die eigenen emotionalen und körperlichen Signale.

Facetten der Selbstwirksamkeit

Bevor wir betrachten, was die moderne Forschung zur Selbstwirksamkeit festgestellt hat, wollen wir uns zunächst ein paar Facetten der Selbstwirksamkeit widmen.

Was Selbstwirksamkeit ist – und was nicht

Unsere von Selbstoptimierung geprägte Welt gaukelt uns gerne vor, dass man alles lernen und trainieren kann – und das in maximal sechs, acht oder zehn Wochen. Doch Selbstwirksamkeit ist keine Methode oder Technik; sie ist

- ein Bedürfnis,
- eine Eigenschaft,
- ein Gefühl,
- eine innere Haltung.

Wie schnell können Sie Ihre Einstellung oder eine Meinung zu etwas ändern? Ist es eine Kleinigkeit, die wenig Bedeutung hat für Ihr Leben, geht es wahrscheinlich rasch. Je bedeutungsvoller allerdings das Thema für Sie ist und je fester eine Überzeugung in Ihnen verankert ist, desto schwieriger und langwieriger kann eine innere Veränderung sein. Wer sich heute wenig zutraut, wird morgen nicht mit stolzgeschwellter Brust zu einer Meisterschaft antreten. Entwicklung ist ein Prozess, der seine Zeit braucht – wie ein afrikanisches Sprichwort es ausgedrückt: »Das Gras wächst nicht schneller, wenn man daran zieht.«

Dennoch: Veränderung ist möglich! Sie können Ihre Selbstwirksamkeit entdecken, entwickeln, stärken, immer wieder neu entdecken, beleben und fördern. Sie können sich Ihre Selbstwirksamkeit, die Sie bereits in sich tragen, mehr und mehr bewusst machen. Was Sie dazu benötigen, erfahren Sie im Kapitel »Ihr Weg zu mehr Selbstwirksamkeit«.

Der Einfluss auf unseren Selbstwert

Wer sich als selbstwirksam erlebt, dessen Selbstwertgefühl wird gestärkt. Wer sich als unwirksam erlebt, fühlt sich oftmals hilf- und kraftlos, wird aggressiv oder depressiv.

In meiner Umfrage zu diesem TaschenGuide habe ich unter anderem die Frage gestellt, inwieweit Selbstwirksamkeit und Selbstwert zusammenhängen. Die Antworten, von denen ich hier Zusammenfassungen wiedergebe, zeigen, wie sehr beides in unmittelbarer Beziehung zueinander gesehen wird.

10 Aussagen über die Beziehung zwischen Selbstwirksamkeit und Selbstwertgefühl
1. Da es um die eigenen Potenziale und Stärken geht, hängt beides miteinander zusammen.
2. Das eine gibt es nicht ohne das andere.
3. Ich lerne, dass ich etwas beeinflussen kann.
4. Ich erhalte Bestätigung für mich und meine Fähigkeiten. Dadurch bekomme ich Vertrauen in mich und meine Fähigkeiten, was meinen Selbstwert stärkt.
5. Menschen mit gleichen Voraussetzungen sind unterschiedlich erfolgreich, daher hängt beides miteinander zusammen.
6. Wenn ich selbstwirksam bin, stehe ich für mich ein.
7. Selbstwirksamkeit ist der Weg für ein gutes Selbstwertgefühl.
8. Das Selbstwertgefühl entsteht durch erfolgreiches Handeln bzw. wird dadurch verstärkt.
9. Mit geringem Selbstwertgefühl traue ich mich nicht, Lebenssituationen in meinem Sinne zu gestalten.
10. Je mehr ich mir vertraue, desto mehr kann ich erreichen.

Um dem Potenzial und der Bedeutung der Selbstwirksamkeit noch mehr auf die Spur zu kommen, habe ich in meiner Umfrage auch danach gefragt, was wäre, wenn man sich niemals als selbstwirksam erleben würde. Die Antworten waren eindeutig und teilweise fast wortgleich: Wir wären abhängig, wie eine Marionette, unglücklich, hilflos, fremdbestimmt, verzweifelt, orientierungslos, ohne Vertrauen ins Leben. Das Leben wäre sinnlos.

Das alles zeigt: Selbstwirksam zu sein, stärkt nicht nur das Selbstwertgefühl, sondern gibt dem Menschen auch inneren Halt, Orientierung und Sinn.

Keine Frage der Moral

Selbstwirksamkeit heißt, Vertrauen in die eigenen Stärken und in die eigene Gestaltungsfähigkeit zu haben. Dieser Glaube an sich selbst, ist keine Frage der Moral. Auch derjenige, der Straftaten begeht, kann sich als selbstwirksam erleben. Hier ein paar Beispiele, die auf wahren Begebenheiten beruhen.

BEISPIEL

Eine Versicherungskauffrau verschaffte sich mithilfe von gefälschten Zeugnissen Anstellungen in verschiedenen Kliniken als promovierte Psychologin, Fachärztin für Psychiatrie und Psychotherapie, später als Oberärztin.

Ein Steuerberater kam als Geldwäscher und Anlagebetrüger durch seine »große Klappe«, wie er selbst von sich sagt, zu Luxus und Reichtum.

Der Amerikaner Jordan Belfort häufte sein beträchtliches Vermögen durch zweifelhafte Anlagegeschäfte an. Seine Geschichte wurde 2013 verfilmt und faszinierte Menschen auf der ganzen Welt.

Eine andere Selbstwirksamkeits-Geschichte hat es auch durch die Medien in die breite Öffentlichkeit geschafft: Der deutsche Maler Wolfgang Beltracchi erzielte mit seiner Begabung als Kunstfälscher Millionen.

Diese Liste ließe sich endlos fortsetzen. Auch diese Menschen haben sich etwas zugetraut und ihre Stärken und Fähigkeiten für ein Ziel eingesetzt. Wir haben heute große Spielräume für unsere individuelle Lebensführung und -gestaltung. Erfolg und

Lebenszufriedenheit stellen sich langfristig jedoch sicherlich nicht ein, wenn wir anderen Schaden zufügen.

Neben Hochstapelei, Betrug u.a. gibt es auch ganz legale Schattenseiten der Selbstwirksamkeit. Wenn es darum geht, mit Herausforderungen umzugehen, setzen Menschen manchmal auch Hilfsmittel ein, wie z.B.:

- Nörgeln
- Schuldzuweisungen
- Kritisieren
- Kontrollieren
- Kommandieren
- Besserwisserei

Auch damit kann man wirksam sein. Die Frage ist, ob es stärkt oder schwächt.

Tiefs sind ganz normal

Wir fühlen uns nicht immer gleich kräftig und gleichermaßen stabil. Umso wichtiger ist es, dass wir während eines Tiefs oder danach den Kontakt nicht verlieren zu unserer Gestaltungskraft – zur Kraft, die uns bewegt und uns hilft, dem eigenen Leben Form und Gestalt zu geben, anstatt anderen oder dem Leben selbst das Steuer zu überlassen.

Hierfür ist es zunächst wichtig zu akzeptieren, dass Tiefs schlicht zum Leben mit dazugehören. Ohne Tief kann es kein Hoch geben. Ein Anspruch, der in der heutigen schnelllebigen Zeit immer häufiger auf uns einwirkt, ist, dass alles möglichst glattlaufen soll. Doch dieser Anspruch beschert uns meist mehr Stress als die Schwierigkeiten, mit denen wir real konfrontiert sind. Der Anspruch nagt an unserem Selbstwirksamkeitserleben, selbst dann, wenn wir die Dinge gar nicht beeinflussen können: den Stau im Berufsverkehr, die Verspätung des Zuges, die Krankheit des Kollegen, die Kernarbeitszeit, den Schulbeginn der Kinder oder Schicksalsschläge wie schwere Krankheiten oder den Tod eines nahestehenden Menschen.

Doch in solchen Situationen können wir eines beeinflussen und damit selbstwirksam sein: wir können beeinflussen, wie wir denken. Unsere innere Haltung, unsere Einstellungen, unser Denken: das sind Räume, in denen wir maximalen Einfluss haben.

BEISPIEL

Der italienische Arzt, Psychiater und Psychotherapeut Roberto Assagioli war 1940 vorübergehend in Einzelhaft. In dieser Zeit, in der er Verhören und Hunger ausgesetzt war, schrieb er unter anderem über »Die Freiheit im Gefängnis«: »Ich erkannte, dass ich frei war, entweder die eine oder andere Einstellung gegenüber der Situation einzunehmen, ihr diesen oder einen anderen Wert zuzuschreiben, sie in dem einen oder anderen Sinne zu nutzen.«

Auch Viktor Frankl, Neurologe und Psychiater, schrieb im Hinblick auf seine Erlebnisse im Konzentrationslager: »... die letzte der menschlichen Freiheiten [ist die], sich zu den gegebenen Verhältnissen so oder so einzustellen.«

Das Gegenteil der Selbstwirksamkeit: Opferhaltung

Auch das Gegenteil der Selbstwirksamkeit wollen wir einen Moment betrachten. Im Extremfall erleben sich Menschen, die nicht an ihre Wirksamkeit glauben, als Opfer – als Opfer der Umstände, als Opfer der anderen, der Konventionen und Vorgaben etc. Sie fühlen sich meist hilflos und ohnmächtig.

Der amerikanische Psychologe und Autor Martin Seligmann prägte bereits in den 1960er-Jahren in diesem Zusammenhang den Begriff der erlernten Hilflosigkeit. Wer in dieser Einstellung gefangen ist, erlebt die Umstände nicht als etwas, das er beeinflussen kann, sondern er fühlt sich diesen ausgeliefert. Dieses Denken und Erleben, das Menschen häufig aufgrund entsprechender Erfahrungen »lernen« und entwickeln, zieht sich unter Umständen durch alle Lebensbereiche. Es wird als unveränderbar angesehen. Seligmann sieht die erlernte Hilflosigkeit in einem engen Zusammenhang mit Formen der Depression, wobei nicht jeder mit einer Depression auf Hilflosigkeit reagiert.

> Man weiß heute, dass die subjektiv erlebte Selbstwirksamkeit ein hoher Schutzfaktor ist vor Stress, Ängsten und Depressionen.

»Ja, ich kann!« – Vom Glauben an sich selbst

Selbst wirksam sein zu können bedeutet, aus eigener Kraft etwas zu bewirken, etwas in Gang zu setzen. Eine Situation zu gestalten heißt, aktiv teilzuhaben am Leben und seine Lebensumstände selbst zu beeinflussen. Das Potenzial dazu haben wir alle. Und wir alle sind auf die eine oder andere Art selbstwirksam. Doch ein Potenzial muss erkannt sein, bevor es sich entfalten kann. Und hier sind wir bei einer wichtigen Zutat zur Selbstwirksamkeit: dem Glauben daran. Wer nicht an seine eigene Wirksamkeit glaubt, braucht entweder ständig neue Beweise dafür, oder verharrt in Stagnation und lernt nichts Hilfreiches aus seinen Erfahrungen. Man deutet dann jeden Misserfolg als Scheitern und jedes Scheitern mündet in einem »Nützt ja doch nichts!«.

Der Glaube an die eigene Selbstwirksamkeit entsteht und wächst, indem Sie realistisch betrachten, was Sie können und wo Ihre Grenzen sind. Stellen Sie sich vor, Sie beschäftigen sich einen ganzen Tag genauso intensiv mit Ihren Stärken und dem, was Sie tun können, wie mit Ihren Selbstzweifeln und dem, was nicht geht und was nicht so ist, wie es sein »soll« ... Ein erster Schritt in diese Richtung bietet die folgende Selbstreflexion:

- Was haben Sie bereits alles erreicht in Ihrem Leben?
- Wie haben Sie in schwierigen Situationen durchgehalten, was genau haben Sie dafür getan?
- Wie können Sie das Gelernte und Erlebte auf andere Themen oder Gebiete übertragen?
- Was können Sie selbst tun, um auch künftig Schwieriges zu bewältigen?
- Was wollen Sie selbst tun? Was oder wen brauchen Sie zur Unterstützung? In welchen Augenblicken benötigen Sie Hilfe?

Zehn Selbstwirksamkeits-Geschenke

Selbstwirksamkeit wirkt sich in vielerlei Hinsicht positiv auf unsere psychische und physische Gesundheit aus. Sie schenkt uns innere Stabilität und lässt uns zufrieden mit unserem Leben sein. Zudem lassen sich unter anderem folgende Eigenschaften bei Menschen mit einem hohen Maß an Selbstwirksamkeit beobachten.

Menschen mit hoher Selbstwirksamkeit ...
▪ glauben an sich und ihre Fähigkeiten.
▪ sind ausdauernder und flexibler bei der Suche nach Lösungen und beim Lösen von Problemen.
▪ können sich selbst realistischer einschätzen.
▪ zeigen mehr Bereitschaft, sich anzustrengen für eine Sache.
▪ warten nicht auf den »richtigen« Moment, sondern fangen an.
▪ finden für ihre Leistungen motivationsfördernde Erklärungen.
▪ setzen ihre Ziele herausfordernd und stimmiger zu ihren Fähigkeiten.
▪ haben häufig ein besseres Zeitmanagement.
▪ geben nach einem Scheitern, einer Niederlage nicht auf.
▪ leiten aus ihren Erfahrungen Konsequenzen ab.

Erkenntnisse aus Forschung und Wissenschaft

Aus der modernen Gehirnforschung wissen wir heute, dass Gedanken und Gefühle ständig Veränderungen im Körper auslösen. Veränderungen im Körper lösen wiederum neue Gefühle und Gedanken aus. Alle Elemente des Systems »Körper« stehen in permanenter Verbindung miteinander. Es findet ein immerwährender Informationsaustausch statt. Alle Ebenen versuchen, das Gleichgewicht zu halten.

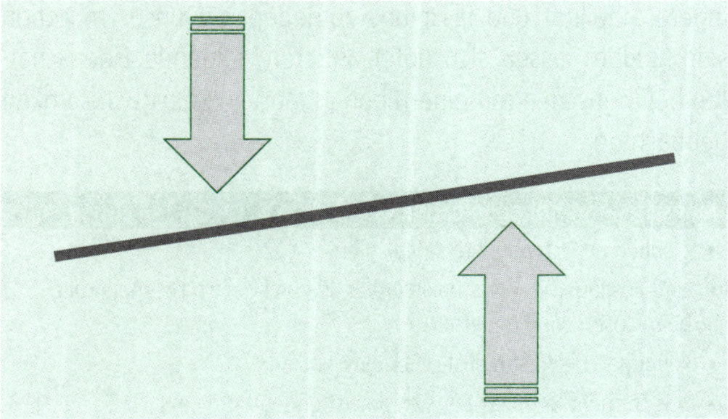

Diese Ausgleichsbewegung ist wie eine innere Intelligenz. Wir können uns auf sie verlassen auch in belastenden Zeiten, bei Krisen, Veränderungen und Einschnitten in unserem Leben. Auch, dass der Körper manchmal nicht mehr mitspielt bei Überlastung, gehört zu diesem Ausgleich.

Neuroplastizität – Ihr Gehirn passt sich Ihnen an

Durch unser Lernen und Erleben organisieren sich unsere neuronalen Netzwerke immer wieder neu. Stellen Sie sich diese Gebilde in Ihrem Gehirn vor wie Wege: Je intensiver Sie bestimmte Bahnen nutzen, desto stärker bilden diese sich aus. Dieser Prozess findet unser ganzes Leben lang statt bis ins hohe

Alter. Doch dafür braucht es das Training, das Dranbleiben. Bei Menschen, die beispielsweise eine »Disziplin« intensiv und lange Zeit einüben, können entsprechende Veränderungen im Gehirn festgestellt werden. Je mehr Erfahrungen Sie also machen, die Ihre Selbstwirksamkeit stärken, desto stärker werden auch die entsprechenden neuen Wege bzw. Verschaltungen im Gehirn. Die ungenutzten Bahnen werden dagegen schwächer.

Kommen Spaß, Freude, Motivation oder gar Begeisterung hinzu, befeuern diese emotionalen Verstärker regelrecht den Prozess. Das heißt: Wer eine Aufgabe erledigt oder Neues lernt in einem emotional positiven Zustand, ist weniger starr ausgerichtet auf das Ergebnis, sondern mehr auf den Prozess, der das Ergebnis hervorbringt. Gerade dadurch erreicht er das Ergebnis eher oder übertrifft es sogar, sagt der deutsche Gehirnforscher Gerald Hüther.

Umgekehrt ist das selbstverständlich auch möglich: Wenn Sie durch ständiges Grübeln und Selbstkritik Ihre Aufmerksamkeit zu Ihren Selbstzweifeln lenken, bilden sich diese Wege stärker aus. Die Folge: Die Ängste wachsen, Anspannung und Stress nehmen zu. Sie schwächen Ihren Glauben an sich und an Ihre Stärken.

Die Kraft des Erlebens

In der Pädagogik ist es schon lange Zeit bekannt: Am besten lernen wir etwas, wenn wir selbst Erfahrungen dazu machen, es also selbst erleben, ausprobieren und immer wieder tun. Dadurch werden alle Sinne angesprochen. Die Wiederholung verstärkt den inneren Lernprozess und das Erlernte kann später leichter abgerufen werden. Wer Kinder hat, weiß, dass sie genau so lernen. Erwachsene lernen laut Gehirnforschung ebenfalls am besten auf diese Weise. Die eigene Erfahrung, das Tun, das Experimentieren und Ausprobieren verankern das Gelernte in hohem Maß.

Auf unser Thema übertragen heißt das: Selbstwirksamkeit lernen Sie nicht, indem Sie nur dieses Buch lesen oder einen Vortrag besuchen. Vor allem lernen Sie, indem Sie es selbst ausprobieren und ins Handeln kommen. Es ist ähnlich wie beim Autofahren: Auch das lernen wir nur, indem wir uns hinter das Steuer setzen und losfahren, es also tun. So üben wir auch Selbstwirksamkeit. Bis das Gelernte ins Unterbewusste gleitet. Dann wird es zum Können, das wir mühelos abrufen, wenn wir es brauchen.

Die Macht der inneren Bilder

Bilder spielen eine große Rolle bei der Bahnung und auch Festigung von neuen Verschaltungen im Gehirn. Wir lernen durch Bilder, da sie direkt mit Emotionen verknüpft werden. Für die Wirkkraft eines Bildes ist es dem Gehirn egal, ob das Bild ein inneres oder äußeres ist, sagt die Neurobiologie.

Wir haben Bilder von unzähligen Ereignissen und Erfahrungen im »Kopf«: Wir haben Selbstbilder, Fremdbilder, Feindbilder, Weltbilder, Wunschbilder, Leitbilder, Vorbilder, Trugbilder etc. – also Vorstellungen von uns, von anderen, der Welt. Bilder beeinflussen unser Fühlen, Denken und unser Handeln enorm. Ein Beispiel, wie intensiv ihre Wirkung ist, zeigt die Werbung: Die Bilder der Werbespots ziehen vorbei an unserem Intellekt schnurstracks und zielgerichtet in unsere Bedürfnisse hinein.

Unsere Vorstellung und unsere inneren Bilder können uns entweder ängstigen und schwächen oder motivieren und stärken. Können Sie sich dem Einfluss und der Wirkung eines guten Fotos Ihrer Lieblingsspeise entziehen, wenn Sie hungrig sind? Oder dem Einfluss und der Wirkung eines Bildes von jemandem, den Sie mögen und vermissen? Würden Sie sich ein Bild in Ihre Wohnung hängen, das Sie nur sehr ungerne anschauen? Warum nicht? Weil es wirkt!

Die Kraft der Bilder macht man sich im Leistungssport schon lange zunutze. Auch in der Psychotherapie, im Coaching und in der Medizin setzt man sie gezielt ein, um Menschen zu helfen. Auch zur Stärkung der Selbstwirksamkeit kann man sie nutzen. Entsprechende Übungen finden Sie im Kapitel »Kraftquelle Nr. 2«.

Starkes Kohärenzgefühl – hohe Selbstwirksamkeit

Der israelisch-amerikanische Soziologe Aaron Antonovsky hat in den 1970er-Jahren die Sicht auf Krankheiten revolutioniert. Er untersuchte nicht, wie es Forscher vor ihm bisher getan hatten, was Menschen krankmacht, sondern was sie gesund hält.

Dieser Ansatz, der nicht auf das Negative, sondern auf Ressourcen, Potenziale, das Förderliche und Gesundmachende gerichtet ist, bereichert die psychologische Arbeit heute ebenso wie die Medizin, Pädagogik, die Sportwissenschaft und viele andere Wissens- und Forschungsgebiete. Auch für die Selbstwirksamkeit ist er von Bedeutung.

Antonovsky fand bei seinen Forschungen rund um die Frage, was Menschen trotz widrigster Umstände gesund hält, Folgendes heraus: Menschen mit einem stabilen Ich bzw. einem starken stimmigen Selbstgefühl können sich schneller an neue Situationen gewöhnen, sind auf eine gute Weise anpassungsfähiger und geschützter gegen Stress und Krankheiten. Sie fühlen sich stabil im Inneren und erleben Verbundenheit mit dem Außen.

Antonovsky hat drei Faktoren herausgearbeitet, die zu diesem stimmigen Lebensgefühl, dem sog. Kohärenzgefühl, und damit zur Gesundheit eines Menschen beitragen.

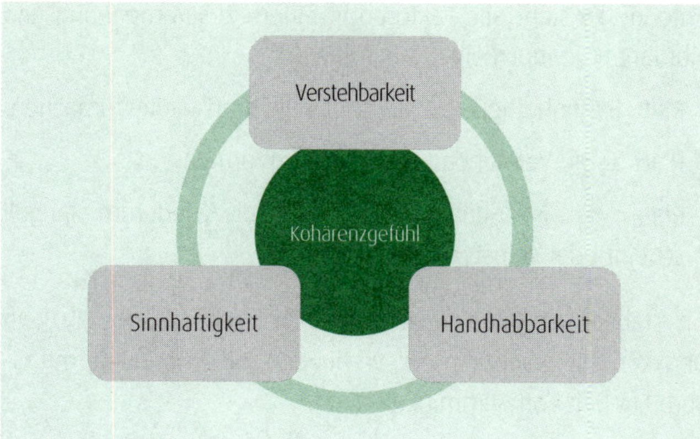

Die drei Faktoren des Kohärenzgefühls

Kohärenzgefühl = Das Erleben von »Stimmigkeit«		
Faktor 1:	Verstehbarkeit (»Ich verstehe«) = Schutz vor emotionaler Belastung	»Ich kann meine Welt und die inneren und äußeren Herausforderungen begreifen und in einem Zusammenhang sehen.«
Faktor 2:	Handhabbarkeit (»Ich kann etwas tun.«) = Schutz vor erlebter Hilflosigkeit oder Opfererleben	»Ich vertraue meinen Ressourcen und auch äußeren Hilfsquellen, um diesen Herausforderungen zu begegnen.«
Faktor 3:	Sinnhaftigkeit (»Ich sehe einen Sinn darin.«) = Schutz vor gefühlter Sinnlosigkeit	»Ich erlebe Sinn im Leben und mein Einsatz und Tun lohnen sich. Probleme sind Prüfungen und Herausforderungen, die es wert sind, sich ihnen zu stellen.«

Antonovsky sieht alle Faktoren in einem Zusammenhang und gibt ihnen dennoch eine Rangfolge:

- Platz 1: Sinnhaftigkeit verleiht uns die Kraft weiterzumachen.
- Platz 2: Die Verstehbarkeit ist wichtig, um daraus ...
- Platz 3: ... eine Handlung abzuleiten, die wiederum sinnvoll scheint oder selbstwirksam ist.

Ein stabiles Ich-Erleben ist also auch nach Antonovsky kein Denkkonstrukt, sondern eng verbunden mit Emotionen, mit einem Erleben von Stimmigkeit.

> »Nicht die Umstände bestimmen des Menschen Glück, sondern seine Fähigkeit zur Bewältigung der Umstände.« Aaron Antonovsky

Wie alles zusammenhängt: die Ebenen Ihres Erlebens

Unser Leben und Erleben spielt sich auf unterschiedlichen Ebenen ab, die alle miteinander zusammenhängen und sich gegenseitig beeinflussen.

Die Ebenen Ihres (Er-)Lebens	
Körper	Er ist der Ort, in dem sich alles abspielt, was wir erleben, fühlen, denken etc. Er ist keine Maschine, sondern ein lebendiges, hochintelligentes und hochsensibles »Gefäß« unserer Lebensenergie.

Die Ebenen Ihres (Er-)Lebens	
Gefühle und Bedürfnisse	Was auch immer wir tun und lassen, im Inneren oder im Äußeren wahrnehmen oder was uns geschieht – alles löst Gefühle, Stimmungen, Befinden aus. Jedes Gefühl gibt Ihnen Aufschluss darüber, wie es Ihnen geht. Es sagt Ihnen, welches Bedürfnis gerade im Moment erfüllt oder nicht erfüllt ist.
Bewusstsein	Hier entscheidet sich alles. Das Bewusstsein ist – vereinfacht gesagt – die Zentrale für Ihre Selbstwirksamkeit: was und wie Sie wahrnehmen, welche Bewertung Sie daraus ableiten, wie Sie Ihre Gefühle und Körpersignale deuten. All das entscheidet wiederum über Ihr Lebensgefühl im jeweiligen Moment, darüber, ob und wie Sie sich verhalten, wie Sie denken über sich selbst, über andere, über das Leben etc. Wir können unser Bewusstsein auf vielfältige Weise nutzen: zur Außenwahrnehmung, zur Selbstwahrnehmung, zum achtsamen Beobachten, zum Bewerten, zum Denken, Lieben und Wollen.
Verhalten	Verhalten ist Tun oder Unterlassen. In Ihr Verhalten mündet das, was Sie sich zutrauen, Ihr Wille, Ihre Zielsetzungen, Ihre Gefühle, Ihre Bedürfnisse und Motive.

Funktioniert eine Ebene mal nicht so gut, z. B. weil man krank ist, ist das manchmal Auslöser für ein Umdenken: Der Mensch kommt zur Ruhe, setzt sich mehr für sich ein, verändert seine Lebensführung oder er nimmt das Leben selbst in die Hand und gibt ihm eine neue Richtung.

Machen Sie den Test: Wie selbstwirksam erleben Sie sich?

Mithilfe dieses Tests können Sie eine Selbstwirksamkeitseinschätzung vornehmen. Nutzen Sie ihn als Momentaufnahme und wiederholen Sie ihn ab und zu, um festzustellen, ob sich etwas geändert hat.

Bewerten Sie die folgenden Aussagen möglichst spontan, ohne zwischen dem Berufs- und Privatleben zu trennen.

- 1 = trifft voll und ganz zu
- 2 = eher ja
- 3 = geht so / kommt darauf an
- 4= eher nein
- 5 = nein, trifft gar nicht zu

Selbsteinschätzung: Wie selbstwirksam erleben Sie sich?	Antwort
In schwierigen Situationen kann ich mich auf mich verlassen.	
Herausforderungen kann ich aus eigener Kraft bewältigen.	
Ich vertraue auf meine Stärken und Fähigkeiten.	
Bei Problemen und Schwierigkeiten finde ich Lösungen oder habe ich Ideen, wie ich damit umgehen kann.	
Auch wenn ich Probleme habe, erlebe ich Sinnhaftigkeit im Leben.	

Selbsteinschätzung: Wie selbstwirksam erleben Sie sich?	Antwort
Ich weiß, dass Krisen endlich sind und ich hindurchkomme.	
Wenn etwas nicht klappt, lerne ich daraus.	
Ich glaube daran, dass ich die Anforderungen des Lebens bewältigen kann, wenn ich mich bemühe.	
Ich kann unterscheiden, wo ich etwas bewirken kann und wo meine Grenzen sind.	
Für meine Ziele und meine Bedürfnisse setze ich mich ein.	
Gesamtpunktzahl	

Auswertung: Es gibt keine ideale Punktzahl bei diesem Test, denn es geht nicht darum, Sie damit in ein Raster zu pressen, sondern Ihnen mit dem Ergebnis Impulse zu geben.

- Je niedriger Ihre Punktzahl ist, desto selbstwirksamer erleben Sie sich wahrscheinlich im Moment. Sind Ihre Werte mit 10 bis 15 Punkten niedrig? Dann prüfen Sie, ob Sie sich vielleicht manchmal zu viel zumuten oder dem Anspruch und inneren Antreiber erliegen, alles selbst schaffen zu müssen. Prüfen Sie: Haben Sie die Bewertung ausgehend vom Ist-Zustand vorgenommen? Oder haben Sie sich eher davon leiten lassen, wie es sein sollte?
- Je höher Ihre Punktzahl ist, desto mehr Beachtung brauchen Ihre Stärken von Ihnen und desto stärker sind wahrscheinlich momentan noch Ihre Selbstzweifel. Vielleicht stecken Sie auch zurzeit in einer Krise? Dann ist es völlig normal, dass Sie sich in Ihrer Selbstwirksamkeit geschwächt fühlen.

Sie können mithilfe dieses Tests auch Ihre Lernfelder identifizieren, also diejenigen Aspekte, die Sie stärken können. Sehen Sie sich dazu die Antworten an, bei denen Sie eine Punktzahl von 4 oder 5 vergeben haben. Machen Sie sich Ihr Entwicklungspotenzial in diesen Aspekten bewusst. Denn alles, was wir meist unbewusst tun, bekommt durch das Bewusstsein eine andere Kraft. Das gilt auch für unsere Selbstwirksamkeit, über die wir in vielen Bereichen bereits verfügen, jedoch ohne uns darüber bewusst zu sein. Sich bewusst und mit Herz zu entwickeln und die eigene Selbstwirksamkeit zu stärken, wirkt in Ihr Leben hinein, in Ihr Lebensgefühl und Ihre Gesundheit. Das Bewusstsein des Menschen ist wie Licht für eine Pflanze – es lässt sie wachsen.

Was wollen Sie wachsen lassen in Ihrem Leben – Ihre Selbstzweifel oder Ihre Selbstwirksamkeit?

> Wichtig ist, dass Sie nicht kritisch sind mit Ihrem Testergebnis oder gar mit sich selbst, sondern interessiert an Ihrer Entwicklung.

Auf einen Blick: Kraftvoll durchs Leben

- Etwas zu bewirken, etwas beeinflussen zu können, ist ein menschliches Grundbedürfnis.
- Es gibt vier Faktoren, die Einfluss darauf haben, ob wir uns selbstwirksam fühlen: Erfolgserlebnisse, passende Vorbilder, Ermutigung und das Bewusstsein für die eigenen emotionalen und körperlichen Signale.
- Selbstwirksamkeit ist eine Frage der Einstellung und Haltung zu uns selbst. Sie lässt sich entwickeln und ausbauen – nicht von heute auf morgen, sondern Schritt für Schritt mit den geeigneten Übungen.
- Ihr Selbstwirksamkeits-Muskel braucht die Herausforderung. Je mehr Selbstwirksamkeits-Erfahrungen Sie machen, desto stärker werden auch die entsprechenden Verschaltungen im Gehirn.
- Selbstwirksamkeit bietet nachweislich einen hohen Schutz vor Krankheit, Ängsten, Depression, erlebter Sinnlosigkeit und vor Selbstzweifeln.
- Ihre Haltung und Ihre Einstellungen, Ihr Denken bilden einen Freiraum, in dem Sie maximalen Einfluss haben.

Was Ihre Selbstwirksamkeit schwächt

Bei vielen Menschen führt der Glaube an sich selbst bisher ein trauriges, ärmliches Schattendasein. Wir müssen ihn ans Licht bringen, ihn entstauben und vom Ballast der Selbstzweifel befreien, bevor er spürbar Wirkung in unserem Leben zeigen kann.

In diesem Kapitel erfahren Sie u. a.,

- welche Gedanken die Selbstwirksamkeit entkräften,
- warum Bewertungen schädlich sein können,
- wer der größte Feind unserer Selbstwirksamkeit ist.

Falsch gedacht! Irrtümer rund um die Selbstwirksamkeit

Sie wissen nun, was Selbstwirksamkeit ausmacht, kennen grundlegende Faktoren sowie wissenschaftliche Hintergründe für die Stärkung Ihrer Selbstwirksamkeit. Wir könnten nun gleich zur Lösung kommen und schauen, auf welche Weise Sie Ihre Selbstwirksamkeit entwickeln oder stärken können. Doch für eine nachhaltige und stabile Lösung braucht es noch einen Erkenntnisschritt davor: Es gilt herauszufinden, wie und wann Sie sich selbst derzeit noch im Wege stehen in Ihrer Selbstwirksamkeit. Um das anzugehen, beschäftigen wir uns zunächst mit den Denkfallen, in die wir in diesem Zusammenhang immer wieder unbewusst tappen.

Das subjektive Erleben von Selbstwirksamkeit und das Zutrauen in die eigenen Stärken sind in hohem Maße abhängig von Ihrem Denken und Urteilen. Das Denken ist eine vielschichtige und häufig unbewusste Aktion. Eines ist gewiss: Unser Urteil über uns selbst bestimmt weit mehr unsere Wirksamkeit, als wir vermuten.

Denkfalle Nr. 1: Wer selbstwirksam ist, schafft alles alleine

Falsch. Wir können noch so selbstwirksam sein, trotzdem sind wir immer auch angewiesen auf andere. Wir brauchen andere Menschen. Der eine mehr, der andere weniger. Ohne Gegenüber – ob Partner, Freund, Kollege, Nachbar etc. – gibt es keine Rückmeldung zu unserem Handeln, keine Korrektur, keine Bestätigung, keine Reibung, weder Wertschätzung noch konstruktive Kritik – und damit auch kein Lernen und keine Entwicklung.

Nur sehr wenige sind seelisch dafür ausgestattet, ohne Kontakt und Bezug zu anderen Menschen leben zu können. Beziehung beinhaltet fast immer ein gewisses Maß von »Brauchen«. Und so brauchen wir auch andere, wenn wir in hohem Maße selbstwirksam sind und uns auch so erleben.

Manche setzen jedoch das Brauchen mit Abhängigkeit gleich. Abhängigkeit ist eine Zerrform des Brauchens, eine Übertreibung sozusagen. Wer tatsächlich abhängig von anderen ist, z. B. aufgrund von besonderen Umständen, Krankheit oder Alter nicht (mehr) für sich selbst sorgen kann, fühlt sich sicherlich oftmals hilflos und ausgeliefert. Doch wer noch wählen kann, sollte sich das Brauchen zugestehen. Andere Menschen zu brauchen ist menschlich.

> Wer ein gut entwickeltes Selbstwirksamkeitsgefühl hat, neigt weniger zu einem Abhängigkeitserleben als Menschen mit einem niedrigen Wert bzw. als Menschen, die sich häufig als hilflos erleben. Dann kann man auch mal loslassen, Unterstützung erbitten oder Hilfe annehmen, ohne sich gleich abhängig zu fühlen.

Denkfalle Nr. 2: Selbstwirksam sind wir nur, wenn wir erfolgreich sind

Falsch. Gerade dann, wenn wir unser Handeln abhängig machen vom Ergebnis, entsteht Stress, der kontraproduktiv ist für unsere Selbstwirksamkeit. Denn dann wird der Erfolg zum Maßstab und nicht das Handeln selbst. Wenn es uns nur auf den Erfolg ankommt, steuert dieser Anspruch unser Handeln. Er bestimmt dann womöglich unser Leben – und lähmt letztendlich unsere Entschlusskraft, unsere Energie und vor allem unsere Freude am Anpacken. Förderlich ist es hingegen, offen zu sein für die vielleicht interessanten und eventuell auch sinnstiftenden Umwege, für das Experimentieren und das Ausprobieren.

Das Risiko einzugehen, dass es anders läuft als geplant und gewünscht – das ist Leben. Daher braucht es manchmal das Wollen, das Dranbleiben, die Bemühung, wenn uns etwas wichtig ist.

BEISPIEL

> Der berühmte französische Bildhauer und Zeichner Auguste Rodin bewarb sich dreimal für das Studium der Bildhauerei an der Staatlichen Hochschule der Schönen Künste in Paris. Ohne Erfolg: Dreimal bekam er eine Absage. Er setzte seine Laufbahn trotz dieser Niederlagen, also ohne Studium, fort.

Hätte Rodin sich von seinen Misserfolgen leiten lassen und sich deshalb von der Kunst abgewandt, würde ihn wahrscheinlich heute niemand kennen.

> Was denjenigen, der seine Ziele erreicht, von demjenigen, der scheitert, unterscheidet, ist manchmal nur das Aufstehen und Weitermachen.

Denkfalle Nr. 3: Eine getroffene Entscheidung muss unbedingt richtig sein

Falsch. Natürlich sollten wir eine Entscheidung keinesfalls kopflos treffen. Wenn wir uns jedoch unter Druck setzen, dass die Entscheidung unter allen Umständen richtig sein muss, hindert uns das daran, uns überhaupt zu entscheiden.

Viele meiner Klienten und Seminarteilnehmer, die Entscheidungsprobleme haben, scheitern vor allem an einem: an ihrem eigenen Anspruch. Ob eine Entscheidung richtig ist, weiß niemand. Leben ist mal mehr und mal weniger Risiko. Einmal oder auch mehrmals den »falschen« Weg einzuschlagen, gehört dazu. Wir müssen das Scheitern miteinkalkulieren. Und oftmals ist es auch so, dass wir den richtigen Weg erst dann erkennen, wenn wir zunächst den »falschen« gegangen sind.

BEISPIEL

Christine will unbedingt mit Menschen arbeiten, sie coachen und beraten. Um auch psychotherapeutisch tätig sein zu dürfen, legt sie die Prüfung zur Heilpraktikerin für Psychotherapie vor dem Gesundheitsamt ab. Sie fällt durch. Sie geht nochmals in die Prüfung. Wieder fällt sie durch. Nach der dritten, nicht bestandenen Prüfung kommt sie zu dem Schluss, dass das nicht ihr Weg ist. Sie macht daraufhin eine mehrjährige Ausbildung zur »medizinischen« Heilpraktikerin. Die Abschlussprüfung besteht sie beim ersten Mal mit Bravour. Heute arbeitet sie erfolgreich in ihrer eigenen Praxis und leitet eine Heilpraktiker-Schule in einer Großstadt.

Die Geschichte von Christine fand ich immer und finde ich noch heute eindrucksvoll. Hätten Sie die Prüfung dreimal gemacht? Manche hätten vielleicht bereits nach dem ersten Scheitern ihren Plan aufgegeben. Doch Christine hat weitergemacht. Der Wille war da – ihre Entschiedenheit war größer als ihre Zweifel. Die Richtung stimmte schon, nur das Feintuning fehlte offenbar noch. Ihre Fähigkeiten sollten auf eine andere Art und Weise zum Ausdruck kommen.

»Umwege erweitern die Ortskenntnis«, sagte der Journalist und Schriftsteller Kurt Tucholsky einst. Wie klug und entlastend! Nehmen Sie es sportlich und sehen Sie Um- oder Abwege oder auch Sackgassen als Training und Lernerfahrung, aus diesen Abwegen und Umwegen etwas zu machen oder sie sinnvoll zu deuten.

> »An den wichtigsten Scheidewegen unseres Lebens stehen keine Wegweiser«, sagte Ernest Hemingway. Ein Umweg ist nicht gleich ein Scheitern. Akzeptieren Sie auch ein mögliches Scheitern als Bestandteil Ihres Lebens. Nehmen Sie es als Ansporn, einen neuen Versuch zu wagen.

Denkfalle Nr. 4: Besser nichts sagen als das falsche

Falsch. Dies ist eine der schädlichsten Denkfallen überhaupt. Sich nicht zu äußern, sich »seinen Teil zu denken«, dem anderen kein Verständnis zuzutrauen – all das verhindert Selbstwirksamkeit. Wenn wir nicht reden, uns nicht äußern, unterlassen wir es, Verantwortung zu übernehmen. Im Gegenteil: Wir geben sie ab. Denn auch unser Schweigen hat Konsequenzen und Wirkung – nur ob es die gewünschte ist, ist fraglich. Hinzu kommt: Es führt meist zu Missverständnissen, Konflikten und atmosphärischen Störungen aller Art.

Sie kennen bestimmt Situationen aus dem Beruf oder Privatleben, in denen Sie nicht wagen, etwas zu äußern, in denen Sie unsicher und abwartend sind. Und das ist auch gut so Unsicherheit ist sehr menschlich und auch förderlich. Denn wer auf eine gute Weise unsicher ist, stülpt dem anderen nicht seine Meinung über. Unsicher zu sein und Bedenken zu haben, bedeutet im besten Fall, dass Sie offen sind für Ihr Gegenüber. Doch wer es übertreibt mit der Unsicherheit und sich nicht mehr traut, etwas zu sagen, verkehrt all diese Vorteile in ihr Gegenteil. Wenn Unsicherheit uns lähmt und stumm macht, dann wird sie zur Last. Es entstehen Druck und Stress und vor allem Unklarheiten.

Nehmen wir als Beispiel die Frage aller Fragen, be der jeder, der sie stellt, hofft, dass die Antwort doch ein »Ja« sein möge: den Heiratsantrag. Dazu eine bezaubernde Geschichte.

BEISPIEL

Dies ist eine wahre Begebenheit aus dem Leben der Autorin, Moderatorin und Journalistin Christine Westermann, die sie selbst wie folgt beschreibt:

»(...) Drei Monate nach dem Wiedersehen habe ich ihm einen Heiratsantrag gemacht. Wir waren in Italien, saßen zu zweit am Küchentisch im Haus von Freunden, haben Scampi gegessen und eiskalten Weißwein getrunken. Auf dem Tisch lag Zeitungspapier für d e Schalen, die

Gläser waren fettverschmiert, mein Gesicht wahrscheinlich auch, ich glaube nicht, dass ich noch besonders attraktiv aussah.

Ich dachte: jetzt oder nie. Und habe gesagt: ‚Ich muss dich was fragen, aber ich fühle mich wie im Schwimmbad auf dem Zehn-Meter-Brett, und ich weiß nicht, ob Wasser im Becken ist.' Er hat mich angeschaut und gesagt: ‚Spring ruhig. Das Becken ist randvoll.'«

Quelle: Christine Westermann, Süddeutsche Zeitung-Magazin 19/2013

Wir erfahren von der verständlichen Unsicherheit von Christine Westermann. Und »er« erfährt auch davon. Damit ist es raus. Christine Westermann hat ihre ganze Unsicherheit preisgegeben – und gewonnen.

Liebst du mich? Willst du mich heiraten? Ziehen wir zusammen? Kannst du dir vorstellen, eine Familie mit mir zu gründen? Dies sind Fragen, die unser Innerstes berühren, den eigenen Selbstwert, und bei denen sich die meisten Menschen verwundbar und verletzlich fühlen. Ein Nein würde kränken, das Ja ist das Herzensziel. Doch auch im Alltag gibt es immer wieder heikle Themen, die wir ungerne ansprechen, zu denen wir lieber schweigen, weil wir uns vor dem fürchten, was wir vielleicht zu hören bekommen. »Ich warte auf den richtigen Moment«, erklären dann meine Klienten und Seminarteilnehmer, oder: »Ich weiß nicht, wie ich es sagen soll«, und andere Varianten, die alle zum gleichen Ergebnis führen: nichts zu sagen.

Doch nur weil wir nicht reden, verschwindet das Thema nicht. Es führt dann nur ein Eigenleben im Untergrund und macht sich breit als Stimmung, als Reizthema, als etwas, was »irgendwie zwischen einem« steht.

> »Nur sprechenden Menschen kann geholfen werden«, sagt eine Lebensweisheit.

Denkfalle Nr. 5: Ich weiß genau, was der andere denkt oder fühlt

Falsch, außer Sie sind Hellseher. Wer meint, genau zu wissen, was andere denken, liegt ebenso oft falsch wie diejenigen, die lieber nichts sagen, weil es »falsch« sein könnte.

Gewiss ist es so, dass wir manche Menschen gut einschätzen können, vor allem unsere Lebenspartner und Freunde, auch Kollegen, mit denen wir schon so manche Hochs und Tiefs erlebt haben. Doch wirklich genau können wir nicht wissen, wie ein anderer denkt oder reagiert. Vielmehr haben wir ein bestimmtes, sehr festes, manchmal unverrückbares Bild vom anderen, aus dem heraus wir diese Meinung begründen.

Das »Ich muss gar nicht fragen, ich weiß ja, was der andere denkt« oder »Ich mache das lieber nicht, ich weiß jetzt schon, was der andere sagt« kommt meist dann zum Einsatz, wenn es um etwas emotional Schwieriges geht. Sonst könnte man ja locker und entspannt sein. Es ist vielmehr meist Ausdruck der eigenen Unsicherheiten oder einer fehlenden Entschlossenheit.

Ein selbstwirksamer Weg aus dieser Falle ist: durch Kommunikation und Nachfragen überprüfen, ob die eigene Wahrnehmung stimmt. Damit gibt man sich selbst und dem anderen eine echte Chance.

Denkfalle Nr. 6: Man kann alles erreichen, wenn man nur will

Jein. Können Sie schon. Doch wie oft wollen Sie das genau genommen wirklich?

Immer wieder erzählen mir Klienten und Seminarteilnehmer von ihren Zielen, die sie erreichen wollen. Kommen wir jedoch an den Punkt, an dem es um die reale Umsetzung geht, treten plötzlich die Hürden ans Licht. Da sind beispielsweise die anderen, der Partner, die Kinder, die fehlende Zeit, Energie, die Unlust, der Mangel an Unterstützung, dies und das und noch vieles mehr ...

Doch wirklich von Herzen und kraftvoll etwas zu wollen, heißt, dass Sie

- alles diesem Ziel unterordnen,
- bereit sind, Risiken einzugehen,
- planvoll und konsequent vorgehen,
- sich klar sind über Ihr Ziel,
- dauerhaft motiviert sind,
- bereit sind, Umwege dafür zu gehen und Opfer in Kauf zu nehmen.

Etwas wirklich zu wollen, kann in der Umsetzung unbequem, langwierig, schwierig und lebensverändernd sein.

Etwas wirklich zu wollen, hat mit Energie zu tun, mit Entschiedenheit und Motivation. Wann haben Sie das das letzte Mal erlebt? Wann haben Sie das letzte Mal etwas so sehr gewollt?

Das Unwirksamkeitserleben hat, wenn es um das Erreichen von Zielen geht, zwei mögliche Wurzeln:

- Variante 1: Sie denken, wollen zu müssen. Ein solches Denken entsteht oft, wenn wir die Ziele anderer für uns übernehmen, oder wenn wir meinen, Konventionen oder Erwartungen anderer erfüllen zu müssen. Hier handelt es sich nicht um echtes Wollen. Es wird von unserem Inneren daher auch selten mit Motivation und positiver Energie unterstützt.
- Variante 2: Sie haben eigene, jedoch unstimmige Ziele bzw. Vorstellungen, an denen Sie sich aufreiben, erschöpfen, abarbeiten.

BEISPIELE

Peter studiert Medizin, um in die Fußstapfen seiner Eltern zu treten, die beide Ärzte sind. Er tut sich schwer mit der Materie, weil sie ihn nicht wirklich interessiert; das Studium ist eine Qual für ihn. Alle in der Familie sind stolz und zufrieden, nur er nicht.

Maria und Frank wollen unbedingt ein Haus bauen, weil sie denken, es gehört zu einem erfüllten Leben dazu. Keiner hat das bisher geschafft in ihrem Freundeskreis. In ihr reales Leben passt dies nicht wirklich. Sie verausgaben sich völlig, auch finanziell, und empfinden letztendlich keine Freude über ihr neues Heim.

Schlussendlich muss jeder für sich entscheiden und spüren, was seinem Leben Sinn, Erfolg und Zufriedenheit gibt. Wir überschätzen häufig unser Wollen und unterschätzen oft unsere Möglichkeiten, das eigene Leben und Erleben zu steuern. Doch etwas ganz und gar zu wollen, mit Herz und Verstand, ohne das Maß zu verlieren, kann Berge versetzen.

> Nicht erreichte Ziele, Vereinbarungen und Vorhaben wiegen vor allem für selbstkritische Menschen meist schwerer als erreichte.

Der Ziele-Check in Kapitel »Schlüssel Nr. 4« zeigt Ihnen, wie Sie sich realistische, motivierende und stimmige Ziele setzen können.

Bewertungen und Maßstäbe

Sobald wir die Augen öffnen, sehen wir nach außen. Wir haben keine »Augen«, um nach innen zu schauen. Uns selbst können wir nur im Spiegel sehen, auf Fotos oder Filmaufnahmen – und in der Reaktion von anderen Menschen auf uns.

Unser Blick nach außen ist der Blick auf Menschen, auf die Umgebung, auf die Umwelt etc. Daran orientieren wir uns häufig. Dieser Blick auf andere ist auch schnell gekoppelt an einen Vergleich oder eine Meinung über das, was wir wahrnehmen. Dieser meist unbewusste Vorgang ist ebenso normal, wie er auch die Basis ist für Missverständnisse, Konflikte, Stress und für Selbstzweifel aller Art.

BEISPIEL

Lisa arbeitet seit kurzem in einem neuen Unternehmen. Am ersten Tag eines mehrtägigen Meetings findet ein Kaminabend statt. Ungezwungene Kleidung ist erbeten. Als sie voller Vorfreude auf die neuen Kollegen in Jeans, T-Shirt und Turnschuhen den Raum betritt, stellt sie fest, dass alle etwas völlig anderes unter »ungezwungen« verstehen als sie. Es sind zwar keine Anzüge oder Kostüme zu sehen, doch alle sind schick und hochwertig angezogen. Niemand trägt Jeans und Turnschuhe. Ab diesem Moment fühlt sie sich unwohl und als Außenseiterin. Die Fröhlichkeit und Freude, die Spannung und das Interesse – alles ist dahin. Obwohl niemand sie wegen ihres Outfits kritisiert, kann sie den Abend nicht genießen.

Lisas Selbstkritik übernimmt sozusagen das Steuer ihres Befindens und trennt sie von ihrer positiven Einstellung und Freude. Sie vergleicht sich mit den anderen und schneidet in ihren Augen schlecht ab. Dementsprechend schlecht fühlt sie sich. Das Feedback der anderen spielt dabei keine Rolle. Dieser kritische und bewertende Blick ist vielen Menschen so »vertraut« und antrainiert, dass es ihnen schwerfällt, sich selbst und diesen destruktiven inneren Vorgang bewusst wahrzunehmen.

In den Punkten, in denen wir kritisch sind mit uns selbst, sind wir meist auch kritisch mit anderen.

BEISPIEL

Christina kommt mit Erschöpfungssymptomen in meine Praxis. Sie erzählt stolz, dass sie seit über 20 Jahren jeden Tag pünktlich bei der Arbeit und nie krank war. Ganz anders als die Kollegen, die meinen, so Christina empört, »sie könnten wegen jeder Kleinigkeit blau machen«. »Das sollte ich mir mal erlauben!« Ihre Kritik an den anderen ist schonungslos. Die Kollegen praktizieren das, was Christina sich selbst nicht erlaubt: Selbstfürsorge. Sie muss erst Selbstempathie lernen, bevor sie aufhören kann, sich über die Kollegen zu ärgern.

In unserer Kultur ist es üblich, die Dinge schnell in falsch oder richtig, gut oder böse, in Likes und Dislikes einzuteilen. Das beginnt bei der Erziehung und reicht über die Bewertung von Schularbeiten, Klausuren und Prüfungen bis hin zum Urteil über uns selbst und andere. Sich ein Urteil bilden zu können, ist eine hohe Kompetenz und wichtig für unsere Lebensführung, Lebensgestaltung und Selbstwirksamkeit. Schwächend wird diese Kompetenz, sobald wir Urteile zementieren, aus einer Bewertung eine Entwertung machen oder aus einem Wunsch eine harte Erwartung zimmern.

Der Wahrnehmungsfilter, aufgrund dessen wir Situationen und innere wie äußere Vorgänge meist unbewusst bewerten, entwickelt sich schon sehr früh. Wir wachsen auf mit den Werten, Einstellungen und Glaubenssätzen unserer Eltern, die diese wiederum von ihren Eltern übernommen haben. Diese frühen Erfahrungen, die Prägungen der Ursprungsfamilie, der Umwelt, in der wir aufwachsen, der Kultur, in der wir leben, justieren die unbewussten Bewertungsmechanismen, die uns stärken oder schwächen können.

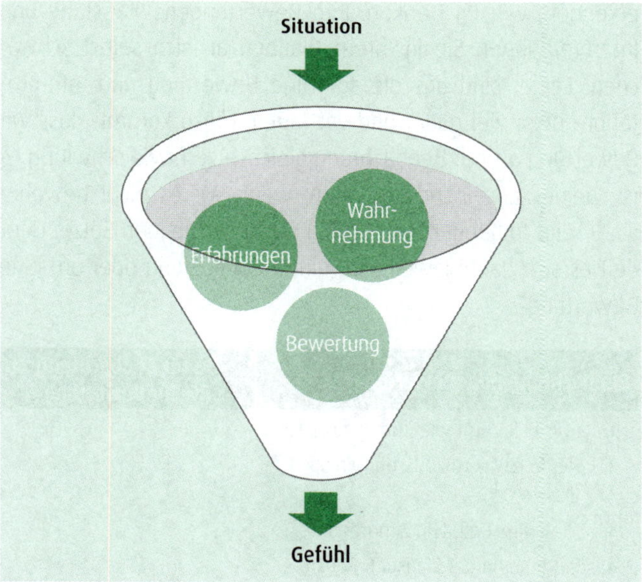

Der Wahrnehmungsfilter

Beobachtung oder Bewertung?

Unsere Sicht auf andere, auf die Welt und auf uns selbst ist in hohem Maße geprägt von der Bewertung dessen, was und wie wir wahrnehmen und beobachten. Gesünder und stärkender wäre es oftmals, das Geschehen in und um uns herum nur zu beobachten und »neutral« wahrzunehmen.

Wenn Sie selbstwirksam sein, an Ihre Stärken glauben und auf sich selbst vertrauen wollen, ist es von enormer Bedeutung, zu erkennen, wie Ihr Denken, Ihre Bewertungen, Maßstäbe und Interpretationen Sie in Ihrem Glauben an sich selbst schwächen. Leider sind uns die sofortige Bewertung und Interpretation meist viel näher und vertrauter. Hinzu kommt, dass wir Bewertung oft mit Beobachtung gleichsetzen. Wie schwierig es ist, beides auseinanderzuhalten, wenn wir es nicht gewohnt sind, zeigt folgender Test. Prüfen Sie die folgenden Sätze: Handelt es sich dabei jeweils um eine Beobachtung oder um eine Bewertung?

Beobachtung oder Bewertung?		Be für Beobachtung Bw für Bewertung
1.	Jasmin kommt wie immer zu spät.	
2.	Heute läuft um 20.15 Uhr ein Spielfilm im Fernsehen.	
3.	Nie räumst du dein Zimmer auf.	
4.	Peter hat in der Klausur 8 Punkte.	
5.	Die Ampel ist grün.	
6.	Das Essen schmeckt versalzen.	
7.	Das Kleid ist wunderschön.	
8.	Die neue Kollegin ist arrogant.	
9.	Deine Frisur gefällt mir.	
10.	Sie haben gestern von 18 Uhr bis 21 Uhr Musik gemacht.	
11.	Wir haben 30 Minuten vor dem Kino auf euch gewartet.	
12.	Verräter!	
13.	Birgit geht es im Moment nicht gut; sie meldet sich gar nicht.	
14.	Die Praxis hat bis 17 Uhr geöffnet.	

Beobachtung oder Bewertung?		Be für Beobachtung Bw für Bewertung
15.	Der kleine Junge ist echt aggressiv.	
16.	Mein PC spinnt.	
17.	Hans ist extrem erfolgreich in seinem Beruf.	
18.	Was du sagst, ist falsch.	
19.	Es ist entsetzlich laut hier.	

Vor der Auflösung dieses kleinen Tests will ich Ihnen ein hilfreiches Modell an die Hand geben, das es leichter macht, zu erkennen, ob wir noch beobachten oder bereits bewerten. Es wurde von dem berühmten österreichisch-amerikanischen Kommunikationsforscher, Psychotherapeut, Philosoph und Autor Paul Watzlawick entwickelt. Er unterscheidet zwischen zwei Wirklichkeiten, also zwei Arten, in die Welt zu blicken.

Wirklichkeit 1. Ordnung	Wirklichkeit 2. Ordnung
Das, was wir über unsere Sinne wahrnehmen: hören, sehen, schmecken, riechen, körperlich spüren/tasten.	Der Wahrnehmung wird ein Wert, ein Sinn, eine Bedeutung gegeben.
Beobachtung	Bewertung/Interpretation
Objektiv	Subjektiv

Kommen wir jetzt zur Auflösung des Tests.

Auflösung des Tests	
Es sind sechs neutrale Beobachtungen, die sich auf eine neutrale Wahrnehmung ohne Bewertung stützen.	
✓	Heute läuft um 20.15 Uhr ein Spielfilm im Fernsehen.
✓	Peter hat in der Klausur 8 Punkte.
✓	Die Ampel ist grün.
✓	Sie haben gestern von 18 Uhr bis 21 Uhr Musik gemacht.
✓	Wir haben 30 Minuten vor dem Kino auf euch gewartet.
✓	Die Praxis hat bis 17 Uhr geöffnet.

Alle anderen Aussagen enthalten wertende Elemente.

Bewertung ist Ansichtssache

In unsere Bewertung fließen unsere Werte, Einstellungen und unsere Erfahrungen mit ein. Andere haben andere Werte, Einstellungen und Erfahrungen und können daher zu einer ganz anderen Bewertung kommen. Jeder Bewertung liegt ein Maßstab zugrunde. Das liegt in der Natur der Bewertung.

Es geht darum zu erkennen, ob und wann uns Bewertung stärkt und hilfreich ist – und wann sie uns schwächt. Wie es unter anderem der Fall ist, wenn wir von einer Situation oder einem Verhalten auf den ganzen Menschen schließen. Nur weil man z. B. gerade eine Phase der Erschöpfung durchlebt, muss man sich nicht als faulen und undisziplinierten Menschen anklagen.

> Ein Bewusstsein zu entwickeln, das zur Selbstwirksamkeit beiträgt, ist echte Feinarbeit. Es bedeutet genaues Hinschauen und auch Erkennen, wie wir einerseits das Leben kontrollieren wollen und doch andererseits keine Kontrolle über unser Denken und dessen Wirkung haben.

Kraftquelle und Energieräuber zugleich: Dagegensein

Eine sehr verbreitete Variante des Bewertens ist das Dagegensein. Diese Anti-Haltung treibt in sehr vielen Köpfen ihr Unwesen und ist bei manchen Menschen ein kräftezehrender Dauerzustand. Viele erleben es jedoch gar nicht als störend. Es sind ja schließlich die Umstände, die einen dazu zwingen, dagegen zu sein.

Das Gute am Dagegensein: Es versetzt uns dazu in die Lage, Dinge infrage zu stellen, z. B., wenn wir eine Veränderung oder Herausforderung von allen Seiten beleuchten, bevor wir zu einer Entscheidung über das Herangehen kommen. Als kritische Haltung hat es also durchaus seine Berechtigung.

Doch wenn in unseren Augen immer alles falsch und die Anti-Haltung Dauerprogramm ist, entpuppt sie sich als Energieräuber, der unsere Selbstwirksamkeit schwächt.

Und Sie? Neigen Sie auch zum Dagegensein? Sträubt sich alles in Ihnen, immer dann, wenn

- Sie sich durch andere kritisiert fühlen?

- andere Gegenvorschläge zu Ihren Ideen machen?
- jemand anders reagiert oder sich anders verhält, als Sie es erwarten?
- andere Menschen Ihre Pläne und Vorhaben – auch unbeabsichtigt – durchkreuzen?
- es mal nicht so läuft, wie Sie sich das gedacht und geplant haben?

Sehen Sie dann nur noch rot, kann Sie die Kraftquelle Nr. 5 im Kapitel „Kraftquellen für Ihre Selbstwirksamkeit" unterstützen, Ihr Dagegensein in eine konstruktive Haltung zu wandeln.

Eine Frage des Maßstabs

Wenn es um Ihre Selbstwirksamkeit geht, geht es auch um das Zutrauen in Ihre eigenen Stärken. Je positiver Sie diese einschätzen, desto höher ist auch der Selbstwert, den Sie sich selbst zumessen. Diese Einschätzung ist wesentlich auch davon abhängig, welche Maßstäbe Sie an sich ansetzen.

Wenn es um uns selbst geht, sind unsere Maßstäbe oftmals sehr hoch, unflexibel und undifferenziert. Setzen wir uns Ziele, die wir nicht erreichen können, ist Enttäuschung vorprogrammiert. Wir zweifeln an uns selbst, unser Selbstwert sinkt in den Keller.

Welche Maßstäbe setzen Sie an sich an? Spüren Sie in sich hinein. Ob es überzogene Maßstäbe sind, erkennen Sie vor allem daran, dass Sie sich damit unwohl, getrieben, gestresst, erschöpft oder auch unmotiviert fühlen. Das eigene Erleben zeigt Ihnen sehr genau, ob Sie etwas anspornt und motiviert oder ob das Gegenteil der Fall ist.

Hemmende Glaubenssätze

Es stärkt unseren Selbstwert, wenn wir uns zwar nicht unkritisch, doch grundsätzlich wert-voll sehen. Es macht einen Unterschied, ob Sie sich selbst im Ganzen permanent infrage stellen und an sich zweifeln oder ob Sie nur einzelne Handlungen und Verhaltensweisen selbstkritisch und mit Verstand und Herz daraufhin überprüfen, ob sie förderlich sind.

Welche Variante auf Sie zutrifft, ist unter anderem abhängig von den Glaubenssätzen, die Sie in sich tragen. Viele dieser Überzeugungen werden uns bereits im Kindesalter durch unsere frühen Bezugspersonen oder die Lebensumstände vermittelt. Wir verinnerlichen sie unbewusst, hinterfragen sie nicht und leben nach ihnen wie nach einem unsichtbaren Handbuch. Es gibt positive Glaubenssätze, die es uns leichtmachen, durchs Leben zu gehen und uns Halt geben. Es gibt jedoch auch hinderliche Glaubenssätze, die uns das Leben schwer machen – Glaubenssätze, die uns, einem positiven Selbstwert und der eigenen Selbstwirksamkeit immer wieder in die Quere kommen. Diese gilt es zu entlarven und zu entkräften.

Die Teilnehmer an meiner Umfrage identifizierten vor allem die folgenden hinderlichen Glaubenssätze bei sich.

Top Ten der Glaubenssätze, die das Vertrauen in die eigenen Stärken schwächen bzw. verhindern	
1.	Ich bin nicht gut genug.
2.	Ich schaffe das nicht.
3.	Ich muss es anderen recht machen.
4.	Andere sind besser.
5.	Ich bin zu langsam.
6.	Ich bin nicht klug genug.
7.	Ich bin zu schwach.
8.	Ich kann nichts wirklich gut.
9.	Was ich kann, reicht nicht aus.
10.	Meine Fähigkeiten sind nichts Besonderes.

Torpediert uns mit Selbstzweifeln: der innere Kritiker

Der italienische Arzt, Psychiater und Psychotherapeut Roberto Assagioli hat in den 1930er-Jahren die sog. Psychosynthese entwickelt. Dieses psychologische Modell geht davon aus, dass sich unsere Persönlichkeit und unser Wesen aus vielen Facetten zusammensetzen, die Assagioli Teilpersönlichkeiten nennt. Diese Anteile können förderlich oder auch schädlich für unser Lebensgefühl, unser Selbstbild, unseren Selbstwert sein.

Unsere Teilpersönlichkeiten sind wie Bewohner eines Hauses. Die einen mag man, die anderen sind einem suspekt oder fremd, manche kennt man gut, andere gar nicht usw. Das Bild des inneren Hauses hilft uns, eine Beziehung zu unseren inneren Anteilen aufzubauen. Wir können sie entdecken, kennenlernen, ihnen Gehör schenken, anfangen sie zu verstehen und ihnen einen angemessenen Platz im eigenen Leben geben.

Unsere inneren Hausbewohner: die Teilpersönlichkeiten

Es ist ziemlich viel los in uns. Im Alltag nehmen wir das Zusammenspiel unserer Teilpersönlichkeiten oft nur als Stimmungsschwankung wahr, weil wir nicht geübt darin sind, den einzelnen Anteilen eine für uns wahrnehmbare, hörbare Stimme zu geben.

Der Mensch ist so viel mehr, als er von sich weiß. Wir tragen viele Teilpersönlichkeiten in uns, die uns mehr oder weniger bewusst sind. Da gibt es den netten um Ausgleich Bemühten, den inneren Kritiker, der immer etwas auszusetzen hat, den Bedürftigen, die Ängstliche, das innere Kind und viele mehr. Je nach ihrer Ausprägung sind sie laut oder leise, erzeugen angenehme oder unangenehme Gefühle in uns. Alle gehören sie zum inneren Inventar. Alle wollen teilhaben. Alle können irgendetwas besonders gut – und alle haben sie ein Bedürfnis, das bemerkt werden will. Der innere Kritiker nimmt als Persönlichkeitsanteil bei sehr vielen Menschen eine besondere Rolle ein. Bei manchen ist er eher ein Hausbesetzer als ein Mitbewohner. Er ist ein unangenehmer Geselle, der sich häufig einmischt und leider bei manchen Menschen oft extrem viel Aufmerksamkeit beansprucht und ihnen Energie raubt.

Ihre Teilpersönlichkeiten sind ein Abbild Ihrer inneren Verfassung und inneren Realität. Sie geben Ihnen Aufschluss über Ihre Gefühle, Motive, Bedürfnisse und Wünsche, über Ihre Unsicherheiten, Ängste und auch Ihre Fähigkeiten.

Wie die Anteile in uns zusammenspielen, zeigt das folgende Beispiel.

BEISPIEL

Ines ist abends zu einer Party eingeladen. Sie freut sich schon seit Wochen darauf. Ihr Kollege Peter, zu dem sie sich privat hingezogen fühlt, wird auch auf der Party sein – ein echter Anreiz hinzugehen. Ines hat heute viel gearbeitet. Seit Wochen ist sie intensiv beschäftigt mit einem großen, komplexen Projekt. Die Gastgeberin ist die Projektleiterin, mit der sie sich gut versteht.

Nun passiert in Ines Folgendes: Die »Bedürftige« ist sehr müde und hat überhaupt keine Lust auf Party, sondern auf Ausruhen (= Regenerationsbedürfnis). Die »Verliebte« will unbedingt Peter sehen (= Bedürfnis nach Abenteuer, Nähe oder auch Kontakt). Die »Karrieristin« will an der Party teilhaben (= Bedürfnis nach Anerkennung, Status oder auch Zugehörigkeit zum Team). Nun kommt der innere Kritiker ins Spiel, der ihr die diversen Folgen ihres möglichen Handelns aufzeigt. Er zetert: »Die Gastgeberin ist sicher sauer, wenn du absagst. Wer weiß, wie sich das auf das nächste Projekt auswirkt? Und du verpasst die Chance, Peter privat zu begegnen, nur weil du mal wieder müde bist. Immer bist du müde! Du wirst wahrscheinlich immer einsam bleiben.« Um den inneren Kritiker zum Schweigen zu bringen, ignoriert sie ihr körperlich-emotionales Befinden, die Müdigkeit und das Ausruhbedürfnis. Sie geht zur Party.

Ein Entscheidungsvorgang wie dieser passiert meist unbewusst. Das, was wir im Alltag davon wahrnehmen, ist ein Grummeln oder ein »komisches Gefühl«, ein »Hin-und-Hergerissen-Sein«, Unlust oder Unzufriedenheit etc.

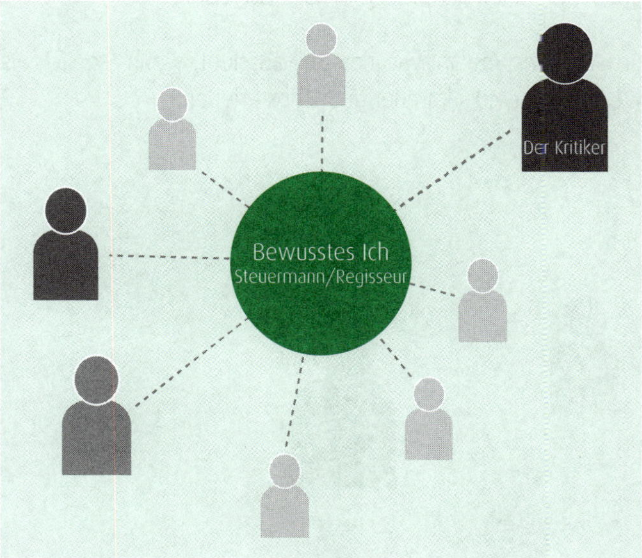

Der innere Kritiker: ein Teil von uns, der oft eine große Rolle spielt

Alle brauchen die Steuerung des Ichs

Ist nun niemand da, der in unserem inneren Haus für Ordnung sorgt, gibt es Streit, Auseinandersetzungen und ein regelrechtes Gerangel um den Chefsessel oder Regiestuhl. Alle wollen recht haben und ihr Anliegen durchsetzen. Selbstwirksamkeit erleben wir vor allem dann, wenn wir Regisseur oder Steuermann sind im eigenen Leben. Übertragen auf das Modell von Assagioli heißt das, den inneren Kritiker oder andere uns schwächende Teilpersönlichkeiten zu entdecken, zu verstehen und ihnen einen stimmigen Platz zuzuweisen.

Schauen wir uns an, wie das Bild aussieht, wenn Sie sich als wenig selbstwirksam oder gar hilflos erleben.

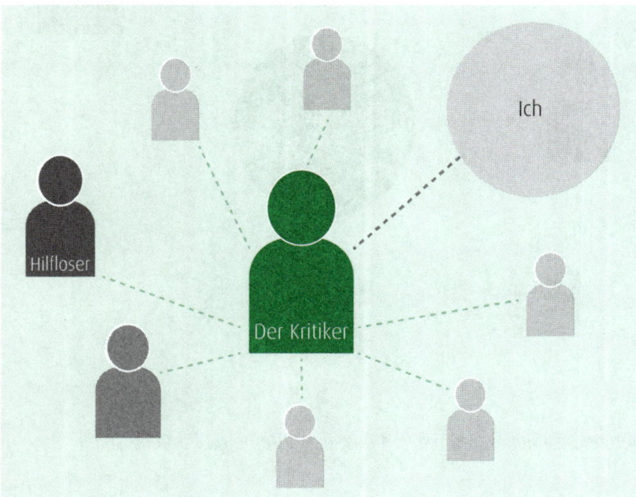

Wenn der innere Kritiker das Steuer übernommen hat

Der innere Kritiker sitzt auf dem Regiestuhl oder steht am Steuer unseres Lebens. Der Regisseur, also unser Ich, wird zum Statisten. Selbstbestimmung und Selbstwirksamkeit weichen dem Regiment von Befürchtungen, Selbstzweifeln und überzogener Selbstkritik. Welche drastischen Folgen das haben kann, zeigt ein weiteres Beispiel, bei dem es um viel mehr als nur um eine Party geht.

BEISPIEL

Jonas bekommt von seinem Chef das Angebot, für zwei Jahre in die australische Niederlassung des Unternehmens zu gehen. Er freut sich und sieht dieses Angebot als Lohn seiner guten Arbeit und vor allem auch als Sprungbrett für seine Karriere. Doch im Inneren läuft sich bereits der Kritiker warm und sät erste Zweifel: »Schaffst du das mit der fremden Sprache? Du warst doch noch nie sonderlich gut im Englischen! Und was ist, wenn du nicht klarkommst im Ausland? Du warst doch schon immer schlecht darin, dich an neue Umgebungen zu gewöhnen.« In den folgenden Tagen sind seine inneren Teilpersönlichkeiten in einem regelrechten Gefecht. Es ringen miteinander das Bedürfnis nach Sicherheit mit dem nach Abenteuer und neuen Erfahrungen. Der innere Kritiker, der wie so oft die alte Ordnung aufrechterhalten will, hat die lauteste Stimme, die dann auch noch genährt wird durch die Stimmen seiner Eltern, die sich Sorgen machen, weil Australien so weit weg ist. Dass sein Vorgesetzter ihm den Schritt ins Ausland zutraut, spielt schon lange keine Rolle mehr. Jonas sagt schweren Herzens ab.

Jonas innerer Kritiker hat die Regie übernommen. Doch wie kann man den Unterschied erkennen zwischen einer unstimmigen Entscheidung, die der innere Kritiker unbewusst gesteuert hat, und einer Entscheidung, die einer abwägenden, konstruktiven Selbstkritik entspringt? Achten Sie dazu auf folgende wahrnehmbare Signale.

Wie Sie erkennen, dass der innere Kritiker Regie führt

- In Ihrem Kopf kreisen hemmende und vor allem destruktive Glaubenssätze (siehe dazu das Kap. »Bewertungen und Maßstäbe«).
- Der innere Kritiker verfügt über keinerlei Empathie und hat wenig bis kein Verständnis.
- Er wiederholt ständig das Gleiche und neigt dazu zu monologisieren.
- Er stellt absolute Forderungen: »Du musst ...«
- Er bewertet absolut und hart.
- Er hat wenig bis keinen Toleranzspielraum.
- Die Fremd- und Selbstbewertung betrifft den ganzen Menschen und nicht nur ein einzelnes Verhalten oder eine einzelne Leistung.
- Er löst ein »negatives« Lebensgefühl aus (Druck, Stress, Angst, Hilflosigkeit etc.).
- Eine Entscheidung oder das eigene Handeln wird subjektiv »unter Druck« oder wie fremdbestimmt erlebt.

Gesunde, konstruktive Selbstkritik dagegen ist bei aller Klarheit, die sie in der Sache haben kann, unaufgeregt, sie wägt ab, ist wach, flexibel, verständnisvoll und empathisch.

Hinderliche Verhaltensmuster

Selbstzweifel sind unangenehme Gesellen. Wer sie hat, hat meist auch unbewusst Muster entwickelt, um damit umgehen zu können und Zweifel und Ängste in Schach zu halten. Diese Muster sind meist ziemlich untaugliche Versuche, die Kritikerstimmen verstummen zu lassen und den Selbstwert aufrechtzuerhalten. Es gibt sie in vielen verschiedenen Varianten:

Perfektionismus, Bestreben, es allen recht machen zu wollen, Kontrolle, Anpassung, Vermeidung, Ausweichen, Kämpfen etc.

Die Stressforschung lehrt uns, dass es genau solche Verhaltens- und Denkmuster sind, die erst zu Stresssymptomen führen und die Selbstwirksamkeit herunterfahren. In Stresssituationen wird unbewusst auf diese alten, früh erlernten Muster zurückgegriffen. Wir schalten sozusagen auf Autopilot. In diesen Mustern liegt zwar einerseits eine echte Stärke, doch auch eine Stärke wird zur Falle, wenn sie niemand steuert.

BEISPIEL

Martin ist ein Perfektionist und stellt extrem hohe Ansprüche an sich. Gut ist ihm nie gut genug, und so arbeitet er meist bis spät in die Nacht und am Wochenende, um diesen Ansprüchen gerecht zu werden. Freundschaften, Hobbys und die Freude am Leben hat er schon lange aus dem Blick verloren. In letzter Zeit macht er häufig Fehler. Dann arbeitet er noch härter. Zufrieden, selbstbestimmt und selbstwirksam erlebt er sich selten. Er sagt, er »könne halt nicht anders«.

Perfektionismus entpuppt sich als Selbstwirksamkeitsfalle, wenn es keinen Regisseur gibt, der dessen Kräfte einteilt. Ohne Regisseur im eigenen Lebensfilm leidet zuerst die Lebensfreude, irgendwann die Leistung und dann die Gesundheit.

Prüfen Sie anhand dieser Tabelle für sich, wie Sie Herausforderungen und Stresssituationen am ehesten begegnen. Die schwächende Wirkung und die wertvolle Stärke, die dahinterstecken, stehen direkt daneben.

Stress-Muster	Schwächende Wirkung	Stärke, Motivation, guter Kern
Perfektionismus Leistungsstreben »Ich muss perfekt sein.«	Stressfalle Nr. 1, starke Selbst- und Fremdkritik	Genauigkeit, Korrektheit
Kontrollstreben »Ich muss alles unter Kontrolle behalten.«	Kann schlecht loslassen	Passt gut auf, guter Blick fürs Detail
Helfer / Kümmerer / Harmoniebedürftige »Ich muss es allen recht machen.«	Kann schlecht für sich selbst sorgen, unklar in den eigenen Wünschen	Kann sich gut in andere hineinfühlen, schafft eine gute Atmosphäre, hilfsbereit
Hektiker »Ich muss schnell sein.«	Ruhelosigkeit, innere Unruhe, Hetze	Dynamisch, einfallsreich
Durchhalter »Ich muss mich anstrengen.«	Überforderung und Selbstausbeutung	Einsatz und Bemühung für eine Sache, Ausdauer
Kämpfer »Ich muss stark sein.«	Kann schlecht Hilfe annehmen oder darum bitten	Stärke, Unabhängigkeit, Belastbarkeit
Machtstreben Ehrgeiz »Ich muss gewinnen.«	Selten zufrieden, ruhelos, rücksichtslos	Freude an Verantwortung, Führungskompetenz, Entscheidungsfreude

Eine Stärke, die wir übertreiben, entwickelt sich ins Gegenteil. Die Übertreibung der Stärke ist eine Selbstwirksamkeits-Falle. Wir erleben uns dann nicht mehr als selbst-wirksam, sondern als fremd-bestimmt. Wir sind dann getrieben vom eigenen Anspruch. Es geht also immer um das stimmige Maß, mit der wir eine Stärke einsetzen.

DENKanstoß & FÜHLimpuls

- Mit welchem Verhalten reagieren Sie bevorzugt in Stressmomenten?
- Welches Bedürfnis will dadurch erfüllt werden?
- Erleben Sie das Verhalten als förderlich oder als schädlich für Ihre Tätigkeit?
- Erleben Sie das Verhalten als förderlich oder als schädlich für sich selbst?
- Wie fühlen Sie sich dann: voller Kraft und Motivation oder voller Anspannung und Druck?
- Erleben Sie sich in solchen Momenten als selbstwirksam?

Auf einen Blick: Was Ihre Selbstwirksamkeit schwächt

- Ob wir uns als selbstwirksam erleben, hängt stark von der Art und Weise ab, wie wir denken und über uns selbst urteilen.
- Viele Menschen sind sehr hart im Urteil mit sich selbst. Dahinter steckt meist ein innerer Kritiker mit hohen Ansprüchen und Erwartungen.
- Grund für einen geringen Selbstwert sind oft Glaubenssätze, die früh gelernt immer noch unbewusst das Leben lenken, z. B. »Das schaff ich nie.«
- Um den eigenen Selbstzweifeln zu begegnen, entwickeln wir häufig untaugliche Verhaltensmuster, die Stress erzeugen und letztlich unsere Selbstwirksamkeit schwächen.

Ihr Weg zu mehr Selbstwirksamkeit

Unsere Selbstwirksamkeit können wir aufbauen und stärken. Der Weg dorthin führt durch eine Tür, die sich mit fünf Schlüsseln öffnen lässt. In diesem Kapitel lernen Sie diese kennen.

Sie erfahren u. a.,

- welche Rolle Achtsamkeit dabei spielt,
- warum sowohl das Wissen um als auch der Glaube an die eigenen Fähigkeiten so wichtig sind,
- warum es ohne stimmige Ziele nicht geht.

Die fünf Schlüssel

Es gibt kein Patentrezept, das uns automatisch selbstwirksamer werden lässt. Doch es ist bekannt, was dazu beiträgt, selbstwirksam zu sein und sich so zu fühlen. Für die Entwicklung eines stabilen selbstwirksamen Ichs sind verschiedene Faktoren wesentlich, die sich gegenseitig bedingen. Wenn Sie über diese fünf Schlüssel verfügen, öffnet sich die Tür zur Selbstwirksamkeit.

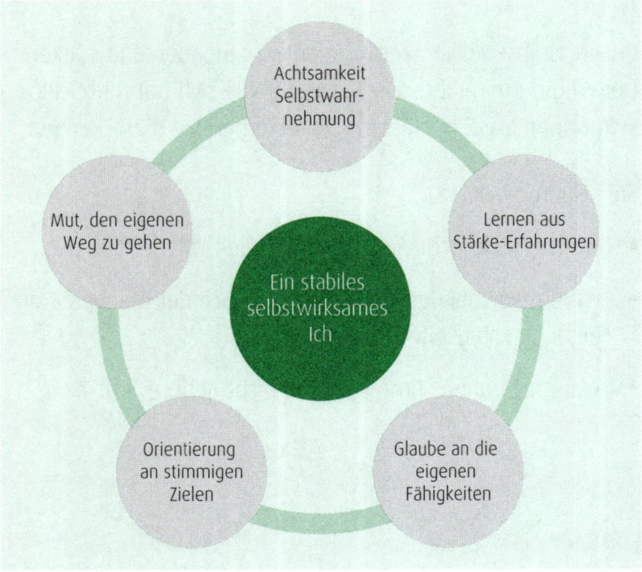

Die fünf Schlüssel zur Selbstwirksamkeit

Schlüssel Nr. 1: Achtsamkeit und Selbstwahrnehmung

Je mehr Sie über sich wissen, desto besser können Sie für sich sorgen. Selbstwirksamkeit ist eng verbunden mit Selbstbewusstsein. Selbstbewusstsein ist das Bewusstsein für sich selbst. Verfügen Sie darüber, können Sie erkennen, was gut für Sie ist, was Sie stärkt oder schwächt, was Sie wirklich brauchen – inmitten aller Herausforderungen des Lebens.

Sie benötigen dafür »Augen«, die nach innen gerichtet sind, um sich selbst wahrzunehmen. Diese »Augen« sind Ihr Bewusstseins, Ihre Aufmerksamkeit, die Sie auf sich selbst richten. Weg von draußen, hin zu sich.

Sie brauchen eine Wahrnehmung, die

- eigene Erfolgserlebnisse und auch die kleinen Schritte *für wahr* nimmt – statt diese Erfahrungen kleinzureden oder sie zu negieren,
- »passende« Vorbilder erkennt – statt nach unten oder oben zu vergleichen,
- Gefühle und Körperreaktionen spürt, um daraus Schlussfolgerungen zu ziehen – anstatt den Körper als etwas zu sehen, das funktionieren muss.

Bei all dem geht es im wahrsten Sinne des Wortes »nur« um das Sehen. Um das Beobachten und die Wahrnehmung dessen, was gerade im Moment, im Hier und Jetzt ist – und eben nicht, was sein soll!

Ihr innerer Kritiker hat meist irgendeine Erwartung oder Vorstellung davon, wie Sie und Ihr Leben sein sollen. Kennen Sie das von sich auch? Ein Leben im Soll?

BEISPIELE

»Ich sollte schneller sein.«

»Wieder mal ist kein Termin für mich frei.«

»Ich sollte mehr Sport machen.«

»Ich sollte leichter auf andere zugehen können.«

Und kennen Sie die harsche Kritik »Warum nicht gleich so!«, wenn Sie etwas nach langem Ringen geschafft und vollendet haben – aber leider nicht in der Zeit, die Ihr Kritiker für gut befindet?

Das ist ein Leben im Mangel. Denn der innere Kritiker ist selten bis nie zufrieden. Und solange er Ihr Denken, Fühlen und Handeln, Ihre Möglichkeiten und Ihre Erfahrungen kleinhält, abwertet oder entwertet, kommen Sie nicht in Ihre Selbstwirksamkeit.

Ein Leben im Soll schwächt unsere Selbstwirksamkeit.

Achtsamkeit: weg vom Soll, hin zum Ist

Achtsamkeit ist die Wahrnehmung des Hier und Jetzt, ohne zu bewerten, zu urteilen oder zu interpretieren. Sind wir auf diese Weise achtsam gegenüber uns selbst, dann kommen wir in einen bewussten Kontakt zu unseren Gedanken, Gefühlen, Körpersignalen. Wir können dadurch besser die dahinterstehenden Bedürfnisse ergründen.

- Unsere Gefühle geben uns Orientierung. Sie sind ein Kompass dafür, ob ein Bedürfnis, das wir haben, erfüllt ist oder nicht. Oft unterdrücken wir sie. Wer achtsam sich selbst gegenüber ist, spürt ihnen ganz bewusst nach und lässt sie da sein, ohne sie zu bewerten. In Studien ließ sich nachweisen, dass Menschen, die ihre Gefühle benennen können, auch in der Lage sind, diese besser zu steuern. Das heißt, sie können sich selbst beruhigen bzw. positiv beeinflussen oder ermutigen.
- Die Wahrnehmung Ihrer Körpersignale ist der Königsweg zu oft verborgenen Bedürfnissen. Sie lenkt Ihr Bewusstsein vorbei an den kritischen Stimmen Ihrer Selbstzweifel hin zu dem, was jetzt im Moment ist.

> Selbstwirksamkeit entsteht nicht allein dadurch, dass Sie nur denken: »Ich kann das!«, sondern indem Sie auch fühlen und körperlich spüren: »Ich kann das!«.

Achtsamkeit lässt sich lernen. Nicht von heute auf morgen, doch jeden Tag ein bisschen mehr: Beobachten Sie, was Ihr Körper oder Ihre Gefühle Ihnen signalisieren und welche Gedanken Sie gerade haben.

DENKanstoß & FÜHLimpuls

- Nehmen Sie sich des Öfteren Zeit und halten Sie im Alltag kurz inne. Richten Sie Ihre Aufmerksamkeit weg von der Außenwelt und spüren Sie dem nach, was gerade in Ihrem Inneren vorgeht. Vermeiden Sie dabei Wertungen wie z. B. gut, normal, schlecht.
- Wie fühlen Sie sich? Benennen Sie das Gefühl: fröhlich, traurig, müde, entspannt ... Welche Signale sendet Ihr Körper?
- Was denken Sie gerade? Welche Gedanken haben zu dem Gefühl beigetragen?
- Welches Bedürfnis ist gerade erfüllt oder nicht erfüllt?
- Entdecken Sie dabei, welches Denken Sie stärkt, welches Denken Sie schwächt!

Weitere Übungen, die Ihre Achtsamkeit schulen, finden Sie im Kapitel »Kraftquelle Nr. 1«.

Schritt für Schritt zur Selbstwahrnehmung

Wenn Sie Ihre Selbstwirksamkeit stärken wollen, lernen Sie am besten zu unterscheiden, was sich für Sie stimmig anfühlt und was nicht. Momente der Selbstwirksamkeit sind meist gekennzeichnet von innerer Stabilität, Ruhe oder auch positiver Anspannung, Kraft, Wachheit, Entschlossenheit, von Optimismus, Lebendigkeit etc.

Je stärker jedoch ein wichtiges Bedürfnis als »bedroht« empfunden wird, desto stärker ist das individuelle Krisenerleben und desto schwächer das Selbstwirksamkeitsgefühl. Unsere Grundbedürfnisse nach Anerkennung bzw. Liebe, Schutz und Sicherheit, nach Unversehrtheit und auch Zugehörigkeit, Halt und Orientierung sind starke Motive, die seit jeher den Menschen mehr oder weniger unbewusst lenken. Dabei bleiben jedoch manchmal wichtige Bedürfnisse auf der Strecke wie z. B. Freiheit, Lebendigkeit, Freude, Spaß, Herausforderung, Bewegung, Entfaltung, Abenteuer, Sinn etc.

DENKanstoß & FÜHLimpuls

Erinnern Sie sich an einen Moment, in dem Sie eine Herausforderung gemeistert haben.

- Wie haben Sie sich in diesem Moment gefühlt? Vielleicht erinnern Sie sich an mehrere Gefühle und Empfindungen.
- Wodurch genau wurde das Gefühl ausgelöst? Durch einen Impuls von innen oder von außen?
- Welches Bedürfnis war in diesem Moment des Gefühls erfüllt?
- Was haben Sie in diesem Moment gedacht?
- Wie hat Ihr Körper reagiert?

Schlüssel Nr. 2: Lernen aus Stärke-Erfahrungen

Der zweite Schlüssel zur Selbstwirksamkeit ist das Wissen um die eigenen Stärken. Dafür müssen Sie nicht Superwoman oder Superman sein. Sie müssen dafür keine Ängste überwinden, Mut beweisen oder große Heldentaten vollbringen. Aufbauend ist bereits die Erkenntnis, dass Sie Stärken haben, mit denen Sie den Anforderungen des Alltags begegnen und etwas in Ihrem Leben bewirken können.

Mir begegnen immer wieder Menschen, die vieles vollbracht und bewirkt haben und dennoch nichts davon auf ihre eigenen Stärken oder Fähigkeiten zurückführen. Sie werten ihre Leistungen und Taten ab mit Sätzen wie z. B.: »Das ist doch selbstverständlich und nichts Besonderes«, oder: »Das hätte doch jeder gemacht«. Auch hier wirkt wieder die Macht des inneren Kritikers, dem es nie gut genug ist. Entmachten Sie ihn, indem Sie auf all das zurückschauen, was Sie bisher erreicht haben: auf die vielen eigenen Erfahrungen, auf Erreichtes, Bewältigtes, Ihre kleinen Schritte und Ihre großen Erfolge. Blicken Sie zurück auf Augenblicke, in denen Sie sich besonders selbstwirksam gefühlt haben.

Übung: Der Selbstwirksamkeits-Rückblick

Die folgende Übung wird Sie dabei unterstützen, sich auf frühere Erfolge und damit auf einige Ihrer Stärken zu besinnen. Nehmen Sie sich viel Zeit und Ruhe für diese Reflexion – und schicken Sie den inneren Kritiker in die Pause.

Übung: Biografie der Selbstwirksamkeit	
1.	Legen Sie sich ein großes Blatt Papier, am besten DIN-A3 oder noch größer, und eine Karte in DIN-A5 oder -A6 sowie Stifte, gerne auch Buntstifte, bereit. Zeichnen Sie auf das Blatt zwei Achsen (siehe hierzu auch die Abbildung). Die senkrechte ist der Gradmesser für Hochs und Tiefs in Ihrem Leben. Die horizontale steht für Ihre Lebensjahre.
2.	Skizzieren Sie nun im Diagramm Ihre Lebenslinie. Sicher verläuft die Linie nicht gerade. Gab es Hochs? Gab es Tiefs? Was geschah danach? Schauen Sie mit Klarheit und Akzeptanz auch auf kleinere Schritte, die Sie gegangen sind. Es müssen keine Heldentaten sein.
3.	Setzen Sie sich dann aufrecht und bequem auf einen Stuhl. Stellen Sie beide Füße fest auf den Boden. Zur bewussten Stärkung der Selbstwahrnehmung und »Innenschau« schließen Sie die Augen oder fokussieren Sie einen Punkt am Boden oder an der Wand.
4.	Erinnern Sie sich nun an das erste Hoch bzw. erste Tief auf Ihrer Lebenslinie. Bleiben Sie dabei in der Beobachterhaltung und schauen Sie auf diese Ereignisse zurück als der Erwachsene von heute. Lassen Sie sich Zeit mit der Beantwortung folgender Fragen: ▪ Mit welchen bereits vorhandenen Fähigkeiten und Kompetenzen bin ich durch diese Phase gekommen? ▪ Welche Fähigkeiten und Kompetenzen habe ich dadurch neu entwickelt? Öffnen Sie langsam die Augen und gehen Sie zurück zum Blatt mit der Lebenslinie. Notieren Sie Ihre Gedanken sowie Fähigkeiten und Kompetenzen direkt beim entsprechenden Hoch bzw. Tief.
5.	Setzen Sie sich dann wieder auf den Stuhl und verfahren Sie in gleicher Weise bei zwei bis drei weiteren Hochs bzw. Tiefs.
6.	Betrachten Sie dann das Gesamtbild Ihres Entwicklungsprozesses und spüren Sie dem nach: Was denken Sie? Was fühlen Sie?

Übung: Biografie der Selbstwirksamkeit	
7.	Nehmen Sie jetzt die Karte zur Hand und notieren Sie darauf all die Fähigkeiten und Kompetenzen, die Sie gesammelt haben – ohne Wertung.
8.	Stellen oder hängen Sie Ihre Kompetenz-Karte an einen Ort Ihrer Wahl – am besten an einen Ort, den Sie täglich aufsuchen, z. B. an die Innentür Ihres Kleiderschranks. Die Karte ist Ihr Anker für Zweifler-Tage, bei Konflikten und in anderen schwierigen Phasen.

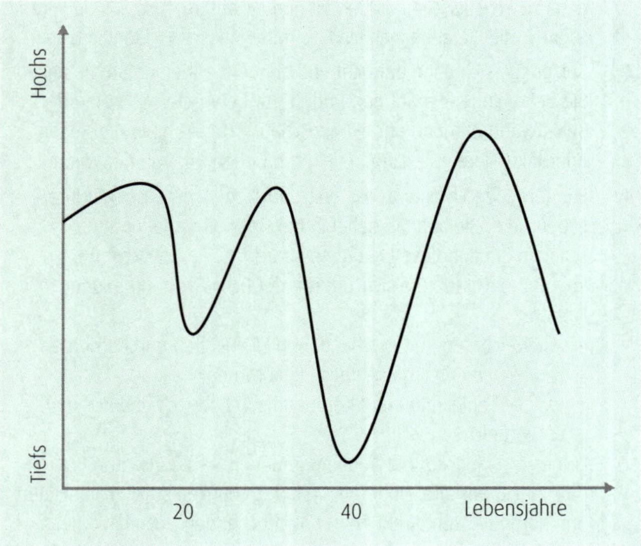

Biografie-Diagramm

Schlüssel Nr. 3: Glaube an die eigenen Fähigkeiten

Unsere Stärken zu sehen und sie als Stärken zu verstehen und zu benennen, fällt vielen von uns häufig schwer. Ungleich schwerer ist es für uns, in unsere Fähigkeiten und Stärken zu vertrauen. Glauben und vertrauen heißt nicht wissen. Insbesondere für sehr selbstkritische Menschen liegt darin eine besondere Herausforderung: einen Glauben an die eigene Selbstwirksamkeit zu entwickeln, auf den sie auch zukünftig bauen können.

Die Kultur, in der wir leben, erschwert oft auch den Glauben an Positives. Der Fokus in unserer Gesellschaft liegt auf den Abweichungen, den Fehlern, den Schwächen. Wir sind eher mit Misserfolgen und dem Mangel beschäftigt als mit Erfolgen, Gelungenem, Positivem, Schönem, dem Reichtum des Lebens und unseren Stärken und Fähigkeiten. Einen Teil tragen die Medien dazu bei. Sie berichten nur selten von positiven Ereignissen und halten uns vor allem auf dem Laufenden über die Probleme und Krisen dieser Welt. Im Zeitalter der Digitalisierung sind diese negativen News jederzeit abrufbar und dringen deshalb mehr und mehr in unser Leben und in unser Bewusstsein – zunehmend gewinnen wir den Eindruck, dass das Negative das »normale« Leben ist.

Um wach zu bleiben auch für das Gute, das Gelingen, die kleinen und großen Momente von Glück, Erfolg und für unsere Wirksamkeit, ist es nötig, sich immer wieder emotional ganz bewusst von dieser Wirkkraft zu distanzieren. Es braucht dazu nicht viel. Es kann dafür schon ausreichen, einfach mal keine Nachrichten zu konsumieren, und stattdessen etwas Aufbauendes und Freudvolles zu tun.

> Die Selbstwirksamkeitserwartung, also der Glaube daran, mit einer Herausforderung umgehen zu können, ist ein wichtiger Schutzfaktor unter anderem gegen Depression und Krankheit.

Einer der führenden Psychologen des 20. Jahrhunderts, Albert Bandura, stellte fest, dass unsere Motivation, Gefühle und Handlungen nicht so sehr aus dem resultieren, was objektiv der Fall ist, sondern eher aus unserem Glauben und unserer Überzeugung. Bezogen auf Selbstwirksamkeit bedeutet das: Wer an seine Stärken und Fähigkeiten glaubt, handelt selbstwirksam. Die folgende Reflexion kann Sie dabei unterstützen, diesen Glauben an sich selbst zu stärken.

Stärken-Reflexion

- Welche Ihrer Stärken und Fähigkeiten haben Sie heute einsetzen können?
- Was haben Sie in letzter Zeit aus eigener Kraft gestaltet, gelöst oder bewältigt?
- Wofür haben Sie heute oder in den letzten Tagen Lob und Anerkennung bekommen?
- Was gelingt Ihnen zurzeit – trotz aller alltäglichen Schwierigkeiten?
- Wie fühlen Sie sich, wenn Sie das alles als unwichtig oder bedeutungslos ansehen?
- Wie fühlen Sie sich, wie reagiert Ihr Körper, wenn Sie daran glauben, es ernst nehmen, sich darüber freuen, darin Ihre eigene Wirksamkeit erkennen?

Schlüssel Nr. 4: Orientierung an stimmigen Zielen

Es stärkt unsere Selbstwirksamkeit, wenn wir sehen, dass wir uns einem gewünschten Ziel Schritt für Schritt nähern – und noch mehr, wenn wir es letztlich erreichen. Ein weiterer wichtiger Schlüssel zur Tür der Selbstwirksamkeit sind daher Ziele, die wir uns selbst setzen.

Doch Achtung: Es gelten auch hier die Denkfallen Nr. 2 und Nr. 3 (siehe Kap. »Falsch gedacht!«). Machen Sie also keinen Hoheitsanspruch aus Ihren Zielen und den damit verbundenen Entscheidungen. Ihre Ziele müssen bestimmte Voraussetzungen erfüllen, um stimmig zu sein. Häufig setzen wir uns Ziele, die unrealistisch, zu weit weg, zu groß, unklar, abstrakt oder auch zu klein und zu wenig motivierend sind. Die Folge davon ist meist, dass wir auf halber Strecke aufgeben. Und genau das wirkt sich negativ auf unsere Selbstwirksamkeit aus. Häufige Fehlschläge wegen unstimmiger Ziele demotivieren und schwächen uns.

Ziele sollten

- stimmig und vor allem auch
- erreichbar sein.

Es geht also darum, sich Ziele zu setzen, für die sich Ihr Einsatz und Ihre Bemühungen lohnen. Ob ein Ziel diese Voraussetzungen erfüllt, können Sie anhand dreier Kriterien überprüfen.

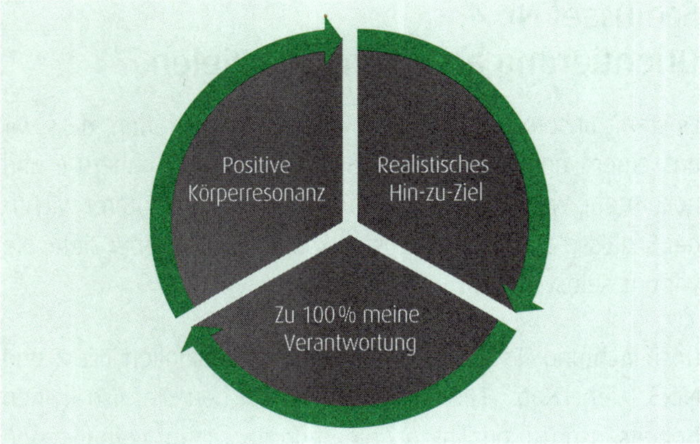

Die drei Ziel-Kriterien

Kriterium 1: Realistisches »Hin-Zu«-Ziel

Formulieren Sie Ihr Ziel immer positiv. Vermeiden Sie negative Wendungen. Mit Verneinungen kann unser Gehirn wenig anfangen. Was Sie *nicht* (mehr) wollen, ist meist abstrakt, wenig attraktiv und kann kaum Motivation hervorrufen.

Statt negatives Weg-von-Ziel ...	... besser positives Hin-zu-Ziel:
Ich will künftig nicht mehr rauchen.	Ich rauche morgen um 20 Uhr die letzte Zigarette.
Ich will keinen 9-to-5-Büro-Job mehr haben.	Ich will im August eine Umschulung zum Gärtner beginnen.

Ihr Ziel sollte realistisch, also für Sie erreichbar sein. Wer sich unerreichbar hohe und damit unrealistische Ziele setzt, dem gehen höchstwahrscheinlich irgendwann die Puste und die Motivation aus.

Seien Sie auch ehrlich zu sich selbst, was Ihre Fähigkeiten anbelangt.

BEISPIEL

Wer unter der Dusche gerne und laut singt, hat nicht unbedingt das Zeug und die Ausdauer dazu, sich eine große Karriere als Sänger zu erarbeiten. Wer gerne und außergewöhnlich gut kocht, ist nicht automatisch dem Druck in der Gastronomie gewachsen.

Hören Sie, wenn es um das Setzen Ihrer Ziele geht, nicht auf Ihren inneren Kritiker. Er hat meist überhöhte Ansprüche und Erwartungen.

Setzen Sie auch die Rahmenbedingungen realistisch. Termine sollten Sie z. B. so legen, dass sie auch einzuhalten sind. Sind Sie unsicher, ob Ihr Plan so klappt, wie Sie sich das vorstellen, formulieren Sie am besten klare Zwischenziele und Mini-Schritte, damit Sie Ihren inneren Kritiker locker auf der Strecke lassen. Bereits das Erreichen von Teiletappen stärkt Sie und bringt Ihnen viele kleine Selbstwirksamkeits-Erlebnisse.

Wenn Sie jedoch wirklich Spaß haben an hochgesteckten Zielen und die Herausforderung lieben, dann nur los! Setzen Sie sich hohe Ziele. Realistisch sollten sie dennoch sein, um Ihre Selbstwirksamkeit und Ihr Vertrauen in sich zu stärken.

Kriterium 2: Zu 100 % in Ihrer Verantwortung

Es gibt Faktoren im Leben, auf die wir keinen Einfluss haben. Sie zu beeinflussen, liegt nicht in unserer Macht, so z. B. das

Wetter, der Verkehrsstau oder die politische Weltlage. Raum für Selbstwirksamkeit besteht hier weniger in unserem konkreten Eingreifen als in unserem Denken: Wir können uns dem Wetter entsprechend kleiden, den Stau akzeptieren, uns zur politischen Weltlage eine Meinung bilden. Aktiv Einfluss nehmen können wir hier jedoch meist nicht.

Dann wiederum gibt es Aspekte, die wir zwar zu einem guten Teil beeinflussen können, bei denen wir jedoch auch auf andere angewiesen sind. Das ist z. B. in allen Arten von Beziehungen sowie auch im Berufsleben der Fall.

BEISPIEL

Einen Termin bekommen Sie morgen nur, wenn auch der andere Zeit hat.

Ein Projekterfolg ist immer eine Teamleistung und daher auch von den Kollegen und dem Vorgesetzten sowie den Rahmenbedingungen, so z. B. der Konjunktur, abhängig.

In solchen Fällen können wir uns auf Teilziele konzentrieren, die in unserer Verantwortung liegen und mit denen wir zum großen Ganzen beitragen.

Und dann gibt es diejenigen Ziele, deren Realisation zu 100 % in unserer Hand liegt, auf die wir ganz alleine Einfluss haben. Und genau das sind die Ziele, auf die Sie sich fokussieren sollten, wenn Sie Ihre Selbstwirksamkeit stärken wollen. Hier können all Ihre Fähigkeiten und Stärken zum Tragen kommen.

BEISPIEL FÜR 100 %-ZIELE

»Ich werde jeden Tag zwei Stunden lernen, um im Oktober meine Ausbildung als Chiropraktikerin erfolgreich abschließen zu können.«

»Ich werde drei Mal die Woche eine Stunde trainieren und meine Ernährung umstellen, um gesund und motiviert mein Wohlfühlgewicht zu erreichen.«

»Ich werde mich morgen beim Lauftreff anmelden, um nächsten Herbst beim Berlin-Marathon ins Ziel zu kommen.«

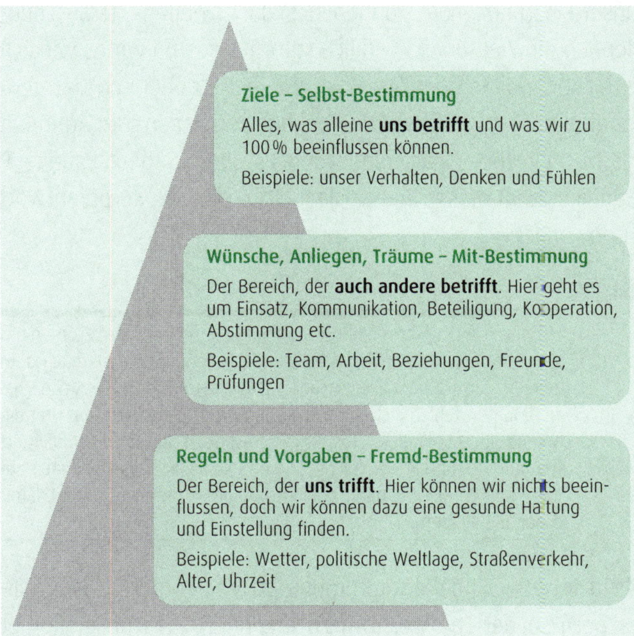

Die drei Einflussbereiche

Kriterium 3: Positive Körperresonanz

Nicht ohne Grund gibt es Redewendungen wie diese: »Dagegen sträubt sich alles in mir«, oder: »Da bekomme ich eine Gänsehaut«, oder: »Das bereitet mir Kopfschmerzen/Magenschmerzen«. Unser Denken und Fühlen äußert sich immer auch über unseren Körper, selbst wenn wir das im Alltag häufig übersehen.

Unsere Körpersignale können uns dabei helfen, herauszufinden, ob ein Ziel für uns wirklich stimmig ist – ob wir es wirklich erreichen wollen oder ob wir es von außen oder von unserem inneren Kritiker »aufgedrückt« bekommen haben. Der amerikanische Philosoph, Psychologe und Psychotherapeut Eugene T. Gendlin nennt dieses innere »Ja«, diese positive Körperantwort »Body Shift«.

BEISPIEL

Lisa hat sich nach Jahren ohne Sport vorgenommen, jeden Morgen um 7 Uhr vor der Arbeit eine halbe Stunde zu joggen. Bereits nach dem zweiten Tag ist sie völlig erschöpft und alles tut ihr weh. Am nächsten Morgen fühlen sich ihre Beine und Arme bleischwer an. Und die anfängliche Motivation ist auch verschwunden. Ihr Körper signalisiert mit jeder Faser: Ich mag nicht! Zu viel! Lisa sollte spätestens jetzt auf ihren Körper hören und ihr Trainingsprogramm stufenweise und damit schonend steigern.

Nicht in jeder Situation kommuniziert der Körper so klar, wie es bei Lisa der Fall war. Um zu erkennen, was unser Körper uns mitteilen möchte, hilft uns Achtsamkeit, der Schlüssel Nr. 1 (siehe hierzu auch das Kap. »Schlüssel Nr. 1«).

Nehmen Sie sich einen Moment Zeit, denken Sie an Ihr Ziel und spüren Sie in sich hinein:

- Sagen Ihr Gefühl und Ihr Körper »Ja« zum Ziel? Manche erleben das in Form einer inneren Aufrichtung oder wie eine innere Bereitschaft zum Aufbruch in Richtung des Ziels – eine bis auf die Körperebene gefühlte Gewissheit, dass etwas stimmig ist.
- Oder spüren Sie Widerstände in sich? Wenn sich ein Ziel nicht stimmig anfühlt, ist es vielleicht zu klein und zu wenig motivierend oder auch zu groß und erschöpfend, unrealistisch oder es ist noch etwas zu klären. Dann gilt es, am Ziel zu feilen, mit anderen zu kommunizieren, Klarheit zu schaffen, bis Sie deutlich spüren, dass es jetzt stimmig ist.

Schlüssel Nr. 5: Mut, den eigenen Weg zu gehen

Ich beginne diesen Abschnitt mit einem Beispiel. Und wie alle Beispiele in diesem TaschenGuide beruht auch dieses auf einer wahren Begebenheit.

BEISPIEL

Marion hat einen gut bezahlten Job, nette Kollegen und einen Chef, der sie fördert. Doch sie ist nicht glücklich mit dem, was sie tut. Nach langem Ringen und ganz konkreten Überlegungen und Berechnungen kündigt sie ihre Festanstellung, um sich ihren langgehegten Traum zu verwirklichen: Bücher zu schreiben.

Heute putzt sie, um ein bisschen Geld zu verdienen. Ansonsten schreibt sie Romane. Vom Schreiben kann sie nicht leben.

Doch sie will nicht leben, ohne zu schreiben.

Mut, den eigenen Weg zu gehen, bedeutet vor allem: raus aus dem Vergleich, raus aus den alten, starren Mustern. Raus aus dem Denken, es anderen oder dem inneren Kritiker, einem mächtigen Widersacher der Selbstwirksamkeit, recht machen zu müssen.

> »Wenn Du es träumen kannst, kannst Du es auch tun.« Walt Disney

Selbstwirksam sind Sie vor allem dann, wenn Sie an sich glauben. Sie sind es dagegen nicht, wenn Ihre Selbstzweifel Sie lähmen. Manchmal braucht es Mut und das Wagnis, um die Selbstzweifel und die Ängste vor dem Neuen zu überwinden.

Sieben Strategien für den Umgang mit Ängsten

1. Machen Sie sich bewusst, dass Veränderungen zum Leben dazugehören und Entwicklung bedeuten.
2. Formulieren Sie für sich stimmige Ziele, nicht überfordernde Ansprüche (siehe den Ziele-Check im Kap. »Schlüssel Nr. 4«).
3. Nehmen Sie Ihre Angst ernst, akzeptieren Sie sie und ignorieren Sie sie nicht. Setzen Sie sich mit ihr auseinander (siehe dazu auch die Kraftquellen Nr. 1 und Nr. 5 im Kap. »Kraftquellen für Ihre Selbstwirksamkeit«).
4. Erkennen Sie das Bedürfnis hinter Ihrer Angst, z. B. das Bedürfnis nach Sicherheit.
5. Wo Angst vor Veränderung ist, verbirgt sich meist auch ein Glaubenssatz, den der innere Kritiker gerne unermüdlich wie-

derholt. Identifizieren Sie diese Überzeugung und prüfen Sie sie auf »Tauglichkeit« (siehe hierzu auch die Übung »Steckbrief für Ihren inneren Kritiker« im Kap. »Kraftquelle Nr. 2«).

6. Fragen Sie sich: Welche innere bewusste Erlaubnis ist erforderlich, damit Sie den ersten Schritt gehen können, damit Sie ins Gestalten und damit in die Selbstwirksamkeit kommen können?

7. Wagen Sie den ersten kleinen Schritt: »Ja, ich kann, obwohl ...« (siehe hierzu auch die Kraftquelle Nr. 15 im Kap. »Kraftquellen für Ihre Selbstwirksamkeit«).

BEISPIEL

Sigmund Freud hat trotz mächtigen Gegenwindes unbeirrbar seinen für die damalige Zeit absolut unkonventionellen Weg der Differenzierung zwischen Bewusstsein und Unbewusstem weiterverfolgt. Er ist damit zum Pionier der Psychologie geworden.

Nach einer Schauspielausbildung plante die 1970 in Frankfurt geborene Stella Deetjen ein Fotografie-Studium in Rom. Vor Studienbeginn reiste sie Anfang der 1990er-Jahre als Backpackerin durch Indien. Die Begegnung mit Leprakranken berührte sie so sehr, dass sie ihr Leben komplett änderte. Die für ihr Engagement mehrfach ausgezeichnete Entwicklungshelferin lebt und arbeitet heute in Nepal und Indien. Sie ist Gründerin und Geschäftsführerin von »Back to Life e.V.«.

DENKanstoß & FÜHLimpuls

- Was ist Ihnen wichtig und wertvoll im Leben?
- Was machen Sie von Herzen gerne?
- Was müssten Sie für ein stimmiges Ziel verändern?

- Welche (Selbst-)Zweifel stehen Ihnen im Weg?
- Gibt es diese Zweifel nur in Ihnen oder werden sie auch von außen an Sie herangetragen?
- Welchen Vergleich sollten Sie (los)lassen, weil er Sie schwächt?
- Welches Aha-Erlebnis stellte sich nach früheren mutigen Schritten ein?

Auf einen Blick: Ihr Weg zu mehr Selbstwirksamkeit

- Für die Entwicklung eines stabilen selbstwirksamen Ichs sind verschiedene Faktoren wesentlich, die sich gegenseitig bedingen.
- Nehmen Sie sich selbst und Ihre Bedürfnisse bewusst wahr. So können Sie erkennen, was gut für Sie ist, was Sie stärkt oder schwächt, was Sie wirklich brauchen und was Sie können.
- Entmachten Sie Ihren inneren Kritiker, indem Sie sich vor Augen führen, was Sie bisher schon alles erreicht und bewältigt haben in Ihrem Leben.
- Wer an seine Stärken und Fähigkeiten glaubt und sie einsetzt, erlebt sich selbstwirksam. Dieser Glaube lässt sich entwickeln.
- Setzen Sie sich stimmige und realistische Ziele. Es stärkt Ihre Selbstwirksamkeit, wenn Sie sich Ihren Zielen Schritt für Schritt nähern.
- Manchmal braucht es Mut und das Wagnis, um die eigenen Selbstzweifel und Ängste zu überwinden.

Kraftquellen für Ihre Selbstwirksamkeit

Selbstwirksamkeit lässt sich aufbauen und stärken – Schritt für Schritt immer mehr und mehr. In diesem Kapitel finden Sie Übungen, kleine Trainingseinheiten und Reflexionen. Nutzen Sie sie als Kraftquellen, die Ihren Geist und Ihre seelischen Muskeln stark machen für die kleinen und großen Herausforderungen des Lebens.

Kraftquelle Nr. 1: Achtsamkeit entwickeln

Die folgenden zwei Übungen festigen jedes Mal aufs Neue den »Beobachter« in Ihnen, wie Roberto Assagioli die Fähigkeit zur neutralen Wahrnehmung nennt.

Basis-Übung: Aus der Mitte heraus wahrnehmen

Eine mächtige und entspannende Basis-Übung der Psychosynthese ist die »Beobachter-Übung«. Diese versetzt Sie ganz bewusst in die Lage, sich selbst, Ihr Denken und Ihr Befinden zu beobachten. Sie holt Sie in die »Mitte« und damit in eine gesunde, wohltuende Distanz zu Ihren Selbstzweifeln, zu vielleicht sehr starken Gefühlen – und hin zu einem wachen, wertfreien Wahrnehmen auch von Körperreaktionen.

Übung: Den Beobachter stärken

1. Setzen Sie sich aufrecht und bequem auf einen Stuhl. Stellen Sie beide Füße auf den Boden.
   Zur bewussten Stärkung der Selbstwahrnehmung und »Innenschau« schließen Sie die Augen oder fokussieren Sie einen Punkt am Boden oder an der Wand.
2. Lenken Sie Ihre Aufmerksamkeit darauf, was Sie im Moment körperlich wahrnehmen.
   Wandern Sie dabei mit Ihrer Aufmerksamkeit bewusst von Ihren Fußspitzen bis nach oben zu Ihrem Scheitelpunkt.
   Lassen Sie sich Zeit.
   Nehmen Sie wahr, was Sie wahrnehmen – ohne es zu bewerten.
   Wenn Sie oben angelangt sind, sagen Sie sich: Ich habe einen Körper. Ich bin nicht mein Körper. Ich bin viel mehr als mein Körper.

Übung: Den Beobachter stärken

3. Atmen Sie tief ein und aus. Lenken Sie nun Ihre ganze Aufmerksamkeit auf Ihre Gefühle.
   Wandern Sie dabei mit Ihrer Aufmerksamkeit bewusst zu Ihren Gefühlen, Ihrer Stimmung, die jetzt und hier da ist.
   Nehmen Sie wahr, was Sie wahrnehmen – ohne es zu bewerten. Auch wenn Sie den Eindruck haben, Sie fühlen gerade gar nichts. Lassen Sie sich einen Moment Zeit. Beobachten Sie mindestens eine Minute Ihre Gefühle.
   Sagen Sie sich: Ich habe Gefühle. Meine Gefühle haben nicht mich. Ich bin viel mehr als meine Gefühle.
4. Atmen Sie tief ein und aus. Lenken Sie Ihre ganze Aufmerksamkeit darauf, was Sie im Moment denken.
   Vielleicht ist gerade kein Gedanke da, vielleicht kommen und gehen Gedanken.
   Nehmen Sie wahr, was Sie wahrnehmen – ohne es zu bewerten. Lassen Sie sich einen Moment Zeit. Beobachten Sie mindestens eine Minute bewusst Ihr Denken, den Strom Ihrer Gedanken.
   Sagen Sie sich dann: Ich habe Gedanken / einen Verstand, ich bin nicht meine Gedanken / mein Verstand. Ich bin viel mehr als meine Gedanken / mein Verstand.

Diese Übung können Sie auch mit dem Beruf, mit Ihren Rollen, die Sie im Leben ausfüllen, mit Ihren Ängsten und Zweifeln etc. durchführen. Wer seine Zweifel, Unsicherheiten etc. beobachten kann, gewinnt Distanz dazu und wird weniger davon bedrängt – bis man irgendwann bewusst steuernd darauf einwirken kann.

BEISPIELE

Ich habe Zweifel. Die Zweifel haben nicht mich. Ich bin viel mehr als meine Zweifel.

Ich habe Angst. Die Angst hat nicht mich. Ich bin viel mehr als meine Angst.

Ich habe einen Beruf, der Beruf hat nicht mich. Ich bin viel mehr als mein Beruf.

Achtsamkeit üben

Die folgende Übung hat vor allem ein Ziel: raus aus der Bewertung und Interpretation, rein in die bewusste Selbstwahrnehmung und Achtsamkeit. Es kommt nur darauf an wahrzunehmen, was jetzt und hier ist.

Übung: Ich bin mir bewusst

1. Setzen Sie sich aufrecht und bequem auf einen Stuhl.
   Stellen Sie beide Füße auf den Boden.
   Zur bewussten Stärkung der Selbstwahrnehmung und »Innenschau« schließen Sie die Augen oder fokussieren Sie einen Punkt am Boden oder an der Wand.
2. Nehmen Sie mit Ihrer ganzen Aufmerksamkeit wahr, was Sie im Moment sehen, hören, fühlen, schmecken, riechen, körperlich spüren. Nehmen Sie auch Gedanken und Gefühle bewusst wahr.
3. Finden Sie Worte für diese Wahrnehmungen.
   Sprechen Sie Ihre Wahrnehmung laut aus oder denken Sie diese ganz bewusst. Jeden Satz, den Sie sagen oder denken, leiten Sie ein mit: »Ich bin mir bewusst ...«
   Beispiele: »Ich bin mir bewusst, dass ich Autos vorbeifahren höre. ... Ich bin mir bewusst, dass ich an meine Arbeit denke. ... Ich bin mir bewusst, dass meine linke Hand kribbelt. ... Ich bin mir bewusst, dass sich meine Augenlider bewegen. ... Ich bin mir bewusst, dass mein Herz klopft. ... Ich bin mir bewusst, wie es jetzt ruhig wird in mir ...«

Nach einiger Zeit können Sie diese Übung auch mit offenen Augen und in alltäglichen Situationen machen: wenn Sie spazieren gehen, essen, wandern, abspülen – bei allem, was Ihren Geist nicht beansprucht.

Kraftquelle Nr. 2: Die Macht der inneren Bilder nutzen

Das Unbewusste ist meist viel stärker als der bewusste Wille. Unzählige Beispiele aus unserem Leben erzählen davon: Sie haben sich etwas fest vorgenommen, doch Selbstzweifel kommen Ihnen in die Quere. Da helfen der schlaueste Kopf und das klügste Argument nichts – das alte Muster wirkt. Roberto Assagioli hat mit dem Modell der Teilpersönlichkeiten und dem Ich bzw. Beobachter ein heute noch zeitgemäßes Konzept geschaffen, diesen oft unbewussten und mächtigen inneren Kräften auf die Spur zu kommen (siehe hierzu näher das Kap. »Torpediert uns mit Selbstzweifeln: der innere Kritiker«). Dabei nutzte er schon damals die Macht der Bilder, die die Gehirnforschung heute eindrucksvoll als eine Art heilender Werkzeuge beschreibt.

Übung: Steckbrief für Ihren inneren Kritiker

Sie können die Wirkung dieses Modells noch verstärken, indem Sie sich die Macht der Visualisierung zunutze machen: ein ständiger Nörgler, wie es der innere Kritiker ist, mit einer Gestalt, einem Gesicht, einem Namen lässt sich leichter identifizieren und erkennen als unbewusst aufkeimende Gedanken oder dumpfe Gefühle und Selbstzweifel.

Um den inneren Kritiker künftig besser wahrnehmen und entlarven zu können, hilft die bewusste und auch kreative Beschäftigung mit ihm: Machen Sie einen Steckbrief, damit Sie ihn gleich erkennen, wenn er sich mal wieder in Ihr Leben einmischt.

Nehmen Sie sich ein Blatt und ausreichend Ruhe für diese Übung.

Steckbrief meines inneren Kritikers
So sieht er aus:
Name:
☐ weiblich ☐ männlich
Alter:
Seine Lieblingssätze:
Meldet sich immer, wenn ...
Er bringt mich dazu, dass ich ...
An folgenden Merkmalen ist er zu erkennen: ▪ Körperliche Empfindung: ▪ Gefühl / Stimmung: ▪ Gedanken / Zweifel: ▪ Verhalten:
Für diese Grundbedürfnisse kämpft er heimlich: ▪ Schutz / Sicherheit ▪ Materielle Sicherheit ▪ Zugehörigkeit / Geborgenheit / Zuwendung / Nähe ▪ Anerkennung / Akzeptanz / Verständnis / Liebe ▪ Halt / Kontrolle / Struktur
Seine positive Absicht ist, dass ich ...
Er war bisher gut dafür, dass ich ...

Steckbrief meines inneren Kritikers

Heute will ich ihn entmachten,

- indem ICH mir erlaube ...
- indem ICH darauf vertraue, dass ...
- indem ICH ...

Übung: Ziele visualisieren

Was Profisportler nutzen, um sich für ein Ziel zu motivieren, stärkt auch Ihre Selbstwirksamkeit: Sie können Ihre Ziele mithilfe der folgenden Technik visuell und damit emotional verstärken, sie sich also bildlich vorstellen und ihnen lebendige Gestalt geben. Nehmen Sie sich ausreichend Zeit für diese Übung.

Übung: Visualisierung Ihres Ziels

Benennen Sie Ihr Ziel. Machen Sie den Ziele-Check (siehe hierzu Schlüssel Nr. 4 im Kap. »Ihr Weg zu mehr Selbstwirksamkeit«).

Stellen Sie sich in allen Einzelheiten vor, so, als geschähe es jetzt, wie

- Sie kurz vor Ihrem Ziel sind,
- der Augenblick ist, wenn Sie es erreichen,
- es ist, wenn Sie »den Preis« in der Hand halten.

Was geht jeweils genau in Ihnen vor? Was fühlen Sie, wie reagiert Ihr Körper, was denken Sie? Wie äußert sich das vielleicht im Außen?
Je intensiver Sie Ihr Zielerleben gestalten, je mehr positive Emotionen zu Ihrem Denken und Wollen hinzukommen, desto stärkender wirkt sich das aus.

Achten Sie darauf, dass bei dieser Übung Ihr innerer Kritiker schweigt. Verbannen Sie ihn aus der Arena in die Zuschauerränge!

Wiederholen Sie diese Visualisierung immer wieder auf Ihrem Weg zum Ziel. Vor Wettkämpfen, Prüfungen, wichtigen Gesprächen etc. visualisieren Sie bei Bedarf mehrmals am Tag. So lenken Sie Ihre Aufmerksamkeit auf das, was Sie motiviert, und verschwenden immer weniger Zeit und Energie auf zweifelnde Gedanken.

Kraftquelle Nr. 3: Werden Sie Stärken-Fahnder

Um sich die eigenen Stärken und Fähigkeiten noch facettenreicher vor Augen zu führen und bewusst zu machen, sollten Sie zusätzlich zu Ihrer Selbstwahrnehmung die Wahrnehmung anderer nutzen. Oftmals sehen andere etwas in Ihnen, was Ihnen selbst verborgen bleibt. Die folgenden Übungen können in diesem Zusammenhang für so manche Überraschung sorgen.

Fünf Interviews für Ihre Selbstwirksamkeit

Führen Sie Interviews mit fünf Menschen, die Sie für vertrauenswürdig und aufrichtig halten und von denen Sie wissen, dass diese Sie gerne unterstützen.

Fragen Sie sie jeweils:

- Welche Stärken und Fähigkeiten siehst du in mir?
- Wann und wie genau hast du das erlebt? Was war das für eine Situation?
- Was ist dir dabei besonders aufgefallen?

Seien Sie neugierig auf die Rückmeldung der anderen.

> Beschränken Sie sich auf das Zuhören. Vermeiden Sie es, sich darüber zu unterhalten, zu diskutieren, irgendetwas zu rechtfertigen oder gar kleinzureden.

Notieren Sie die Antworten der Interviewten noch während des Gesprächs oder sofort danach. Sie laufen sonst Gefahr, dass der innere Kritiker das positive Feedback in einen Nebel des Vergessens hüllt. Das Aufschreiben verstärkt zudem das innere Erleben und Sie können in schwierigen Zeiten auf Ihre Niederschriften zurückgreifen.

360-Grad-Feedback

Aus der Personalentwicklung stammt das sog. 360-Grad-Feedback. Man holt dabei über einen Mitarbeiter möglichst viele Rückmeldungen von allen Seiten ein: von Vorgesetzten, Mitarbeitern, Teammitgliedern, Kollegen, Kunden etc. – und erhält als Resultat ein differenziertes Bild zur Person aus vielen verschiedenen Perspektiven. Profitieren auch Sie von dieser Methode.

Fragen Sie Menschen aus Ihrem Umfeld mithilfe der Interviewfragen aus der Übung zuvor nach Ihren Stärken: Ex-Kollegen, Freunde, angenehme Nachbarn, Mitglieder Ihres Vereins, frühere Schulkameraden, Ihre Eltern, Ihre Geschwister, Ihre Kinder etc. Fahnden Sie damit nach Ihren Stärken in verschiedenen Lebensfeldern.

Sie trauen sich nicht? Sehen Sie die Interviews als einen ersten Schritt hin zu mehr Selbstwirksamkeit. Betrachten Sie die Übung als Selbstwirksamkeits-Experiment.

> Wie bei der Übung zuvor sollten Sie auch hier wieder nur Menschen befragen, deren Einschätzung Sie wirklich interessiert und von denen Sie eine ehrliche Rückmeldung erwarten können.

Kraftquelle Nr. 4: Ermutigen Sie sich selbst

»Du schaffst das!« – Ermutigungen wie diese bekommen wir von anderen nur selten zu hören, vor allem, wenn wir erwachsen sind. Bei starken Selbstzweifeln helfen diese Bestätigungen von außen meist wenig oder zumindest nur kurzfristig. Wer seine Selbstwirksamkeit stärken möchte, braucht den Glauben an seine Stärken und Fähigkeiten, der aus einem selbst kommt. Stärken können Sie diesen Glauben, indem Sie für sich einen passenden, kräftigenden Satz, einen sog. Kraftsatz, finden. Ich empfehle Ihnen Kraftsätze, die so individuell und persönlich sind, dass sie zu Ihnen passen, Sie berühren und Ihr Rückgrat stärken. Wählen Sie einen kurzen Kraftsatz, der

- Ihnen spürbar Mut macht,
- ein echtes Gegenmittel ist gegen die lauten Kritikerstimmen und alten Glaubenssätze und
- sich positiv auf Ihr Befinden und Körpergefühl auswirkt.

Inspirationen für Kraftsätze
Ich vertraue mir und gehe weiter!
Ich nehme mich ernst!
Ich schaffe das!
Ich bin Regisseur/Steuermann in meinem Leben!
Ich will das, ich mache das!
Ich darf das!
Es dauert so lange, wie es dauert!
Ich bin stolz auf jeden kleinen Schritt, den ich geschafft habe!

Kraftquelle Nr. 5: Akzeptieren Sie sich selbst

»Kein Mensch kann sich wohlfühlen, wenn er sich selbst nicht akzeptiert«, schrieb einst Mark Twain. Recht hat er. Selbstakzeptanz ist eine extrem starke Kraftquelle, die Sie ganz bewusst anzapfen können und die Sie trägt. Sie entmachten damit überzogene Selbstzweifel, die Ihnen nur Energie rauben und Sie lähmen. Wenn Sie aufhören, sich für Ihr So-Sein, Ihre Gefühle, Ihr Denken, Ihr Verhalten zu kritisieren, entsteht Raum für Selbstwirksamkeit. Akzeptanz, Einverstanden-Sein bzw. Einverständnis damit, was ist und wie Sie sind, geben Ihnen Energie zurück, die Sie kraftvoll und selbstwirksam einbringen können.

Das alles hat nichts mit einem Egotrip oder der Überhöhung des eigenen Selbst zu tun. Es geht vielmehr darum, sich nicht kleiner zu machen, als man ist, und die eigenen Gefühle und Gedanken zuzulassen und anzunehmen als das, was sie sind: als Ausdruck von Bedürfnissen. Es geht darum, Stärken auf-

und auszubauen, anstatt ständig an seinen »Schwächen« herumzudoktern.

Ihr Akzeptanz-Training

Beginnen Sie Ihr Akzeptanz-Training mit einer winzig kleinen Sache, die Sie dazu bringt, sich regelmäßig ein bisschen aufzuregen oder zu ärgern. Das kann der allmorgendliche Stau sein oder die verspätete U-Bahn. Wenn das bereits extrem ärgerlich ist für Sie, dann richten Sie Ihren Fokus auf etwas, das noch kleiner ist, klein genug, um Ihren inneren Kritiker auszublenden.

- Spüren Sie dann in sich hinein: Wie ist Ihre Stimmung, wenn Sie dagegen sind?
- Spüren Sie in sich hinein: Wie ist Ihre Stimmung, wenn Sie es annehmen, so wie es ist – wenn Sie sich sagen: »Es ist, wie es ist«?

Die Wirkung ist meistens bis auf Körperebene spürbar. Vor allem Ärger zeigt sich meist in Verspannungen aller Art.

Vergessen Sie bei dieser Übung nicht: Es geht nicht ums Mögen, sondern um Akzeptanz! Fangen Sie mit Mini-Ärgernissen an und steigern Sie die Herausforderungen, um sich zu üben, bis hin zu Ihren Selbstzweifel-Themen. Erfahrungsgemäß ereignet sich nach einigem Üben häufig etwas Erstaunliches. So wird z.B. vielleicht eine Unsicherheit, die Sie immer schon loswerden wollten, kleiner. Wenn Sie etwas Schwieriges akzeptieren, verliert es seine Macht und Bedrohlichkeit. Das ist keine Magie, kein Wunder, sondern eine innerpsychische Logik: Ein anderes Denken bewirkt ein anderes Gefühl.

Machen Sie die Übung immer dann, wenn Sie sich über sich selbst ärgern oder aufregen. Immer dann, wenn Sie ein bestimmtes Gefühl oder eine Eigenschaft wieder weghaben wollen. Immer dann, wenn Sie an sich zweifeln und anders sein wollen, z. B. schlauer, gesünder, dünner, kommunikativer, erfolgreicher etc.

Wenn Sie sich in Ordnung finden, ändert sich Ihr Leben.

Kraftquelle Nr. 6: Schauen Sie sich etwas ab

Kinder lernen von Vorbildern. Modelllernen nennt das die Pädagogik. Vorbilder sind auch im Erwachsenenalter noch hilfreich, um etwas zu lernen oder eine Eigenschaft zu stärken. Manche Menschen sagen, sie haben und hatten keine Vorbilder. Unter anderem liegt das manchmal daran, dass niemand dem eigenen hohen Anspruch genügt. Ein Vorbild soll häufig einem Ideal entsprechen. Der hohe Anspruch vergiftet dann leider diese Kraftquelle.

Albert Bandura sagte, Lernen wäre ein »mühsames Geschäft«, wenn die Menschen »als einzige Richtlinie für künftiges Tun nur die Auswirkungen ihres eigenen Handelns hätten«. Es braucht das Lernen an anderen und durch andere. Ein Vorbild muss nicht perfekt sein. Es muss kein Ideal, sondern nur ein Modell sein, um sich eine Stärke oder eine erstrebenswerte Eigenschaft abzuschauen.

DENKanstoß & FÜHLimpuls

- Wer ist für Sie ein gutes Modell z. B. für Mut? Von wem können Sie sich etwas abschauen?
  Sie müssen diese Person nicht kennen und sie muss auch nicht real sein; es kann auch eine Figur aus einem Film oder Buch sein. Es geht nur um die Eigenschaft selbst.
- Wie würde Ihr Modell in Ihrer jetzigen Lebenssituation fühlen, denken, handeln?
- Tun Sie nun für fünf Minuten so, als ob Sie diese Eigenschaft schon hätten. Wie fühlen Sie sich dann; wie handeln Sie?
- Welchen ersten Schritt können Sie real umsetzen?

Kraftquelle Nr. 7: Wechseln Sie die Rolle

Wer Theater spielt oder gerne mal in Rollen schlüpft, z. B. im Karneval, kennt das: Wenn Sie etwas anderes »verkörpern« als das, was Sie im Alltag leben, verändert sich Ihr gesamtes Befinden. Nutzen Sie diese Wechselwirkung zwischen Körper und Psyche für Ihre Selbstwirksamkeit. Auch das wirkt gleichzeitig auf Ihr Denken und die Verschaltungen im Gehirn.

Machen Sie es wie Kinder, die ohne Bedenken und mit Begeisterung im Rollenspiel Neues lernen und einstudieren.

DENKanstoß & FÜHLimpuls

- Denken Sie an jemanden, den Sie als selbstwirksam erleben. Das kann jemand sein, den Sie persönlich kennen, aber auch eine Figur aus einem Film, Buch, Spiel etc.
- Schlüpfen Sie für ein paar Minuten in diese Rolle, als ob Sie ganz und gar diese Person sind. Nehmen Sie deren Körperhaltung ein und spüren Sie, wie diese Identifikation sich auf Ihr Fühlen und Denken auswirkt.
- Verankern Sie dieses Experiment, indem Sie es immer wieder mal wiederholen, um immer mehr von der gewünschten Energie zu tanken.

Kraftquelle Nr. 8: Der Alltag zum Üben, die Krise als Prüfung

Beginnen Sie mit kleinen Veränderungen im Alltag. Warten Sie nicht ab, bis die große Krise eintritt und Sie sich daran erinnern, dass Sie ja mal an Ihre Stärken glauben, Ihre Ziele überprüfen, Ihre Achtsamkeit schulen und Ihr Denken steuern wollten.

Starten Sie mit einem Thema, das Ihnen Spaß macht oder das Sie jetzt gerade am meisten interessiert. Dort ist die stärkste Energie und Motivation. Beginnen Sie sofort. Schieben Sie Ihr Vorhaben nicht auf. Warten Sie nicht auf den »richtigen Zeitpunkt«. Er kommt ohnehin nicht.

Sie werden schon bald sehen, dass es sich lohnt: Bei der nächsten Hürde, bei der nächsten Herausforderung können Sie das ernten, was Sie jetzt säen.

Kraftquelle Nr. 9: Schulen Sie Ihr Wollen

Viele Menschen sind überzeugt davon, dass sie genau das machen, was sie wollen, und dass sie ihr Leben selbst bestimmen. Doch die Neurobiologie zeigt auf, dass der Mensch viel mehr durch sein Unbewusstes gesteuert ist als durch seinen bewusst eingesetzten Willen.

Und das ist auch der Grund, warum wir uns so oft gefühlt selbst im Weg stehen. Die Hürden, die uns das Leben schwermachen, sind unsere unbewussten Bedürfnisse, Selbstzweifel und Ängste. Sie haben heimlich das Steuer in der Hand und bestimmen unser Leben. Und so verweilen wir häufig im Altbekannten und gefühlt sicheren Hafen, statt uns zu trauen und neue Wege zu gehen. Gewohnheiten und Routinen entlasten – auch unser Gehirn. Sie sind gut und wichtig. Sie haben jedoch auch einen Nachteil: Zu viel davon macht uns träge. Das schwächt unsere Selbstwirksamkeit.

Seien Sie ehrlich zu sich selbst: Wie hoch ist Ihre Bereitschaft, ganz ohne Grund und Sinn etwas anders zu machen als bisher? Einfach so einen anderen Weg zur Arbeit zu fahren, mit der anderen Hand die Tasse zu halten, sich am Tisch an einen anderen Platz zu setzen, die Möbel umzustellen?

Ändern Sie Ihre Gewohnheiten! – Sie finden das unbequem? – Sie haben recht! Das ist es. Doch damit schulen Sie Ihr Wollen und stärken Ihre Selbstwirksamkeit. Machen Sie Dinge also bewusst anders. Gerade dann, wenn das Tun keinen Zweck erfüllt.

Das trainiert Ihr Wollen und die Flexibilität im Denken. Der positive Nebeneffekt: Ihnen wird es in Zukunft leichter gelingen, die Perspektive zu wechseln.

Kraftquelle Nr. 10: Kommen Sie ins Tun!

Auch wenn Sie die Folgen, das Ergebnis noch nicht oder noch nicht vollständig abschätzen können: Kommen Sie ins Tun! Machen Sie einen ersten Schritt!

- Sie sind sich nicht sicher, was der andere denkt? – Fragen Sie.
- Sie wünschen sich etwas? – Reden Sie darüber.
- Sie sind unsicher? – Teilen Sie sich mit, schaffen Sie für sich und andere Klarheit.
- Sie brauchen etwas? – Bitten Sie darum.
- Sie sind erschöpft? – Sorgen Sie für sich.
- Sie sind in einer Trauerphase? – Lassen Sie sie zu.
- Sie sind unglücklich? – Akzeptieren Sie Ihre Situation, reden Sie darüber, stellen Sie sich.
- Sie fühlen sich klein? – Überprüfen Sie Ihr Denken und erinnern Sie sich an den Steuermann bzw. den Regisseur in Ihnen (siehe Kap. »Torpediert uns mit Selbstzweifeln: der innere Kritiker«).
- Sie haben den Eindruck, dass niemand sieht, wie es Ihnen wirklich geht? – Dann reden Sie darüber.
- Sie wollen etwas nicht? – Sagen Sie Nein.

- Sie wollen etwas? – Bitten Sie darum. Sagen Sie Ja dazu.

Wirken Sie! Besinnen Sie sich auf Ihre Stärken. Stärken Sie Ihre Steuerungsfähigkeit.

> »Wenn Du immer etwas tust, was Du immer schon getan hast, dann wirst Du immer das bekommen, was Du immer schon bekommen hast.« Paul Watzlawick

Kraftquelle Nr. 11: WOOPen Sie sich zu Ihrem Herzenswunsch

Sie wissen nicht, wie Sie Ihre Wünsche verwirklichen können? Es gibt Widerstände und Hindernisse, die es dafür zu überwinden gilt? Gut so! Genau diese Widerstände und Hindernisse sind wie Gewichte für Ihre Selbstwirksamkeits-Muskeln. Besonders effektiv funktioniert dieses Training mit der WOOP-Methode der Psychologieprofessorin Gabriele Oettingen. Sie basiert auf der Erkenntnis, dass man seine Ziele nicht allein durch positives Denken erreicht, sondern dass man immer auch die Hindernisse und Hürden auf dem Weg dorthin einkalkulieren sollte inklusive eines Planes, wie man sie überwindet.

Erweitern Sie diese Methode durch die Kraft der Visualisierung.

WOOP: In vier Schritten zu Ihrem Wunschziel	
W = Wish	Stellen Sie sich Ihren Herzenswunsch vor, visualisieren Sie ihn – mit allen Sinnen. Er sollte realistisch und darf herausfordernd sein. Beispiel: »Ich will morgens eine Stunde früher aufstehen.«
O = Outcome	Wie sieht das Ergebnis aus, also das Beste und Schönste, das herauskommt, wenn der Wunsch erfüllt ist? Stellen Sie sich das Ergebnis vor, visualisieren Sie es – mit allen Sinnen. Beispiel: »Ich gehe mit Zeit und Ruhe in den Tag; ich beginne jeden Tag entspannt.«
O = Obstacle	Was ist das größte Hindernis, das Ihrem Wunsch im Weg steht? Das kann auch ein inneres Hindernis sein – z. B. ein Glaubenssatz, eine Überzeugung, ein Gefühl, eine Gewohnheit etc. Beispiel: »Es ist eine langjährige Gewohnheit für mich, erst eine Stunde vor Arbeitsbeginn aufzustehen.«
P = Plan	Machen Sie einen Wenn-Dann-Plan, wie Sie das Hindernis überwinden: Wenn ... (Hürde), dann ... (Handlung, Gedanke etc., um die Hürde zu nehmen). Reflektieren und visualisieren Sie verschiedene Möglichkeiten, die Hürde zu nehmen – mit allen Sinnen, bis Sie den stimmigen Plan haben. Beispiel: »Wenn mein Smartphone mich weckt, strecke ich mich, mache Musik an und springe mit einem lauten Guten Morgen-Ruf aus dem Bett.«

Sie können alle Arten von Wünschen mit dieser Methode »bearbeiten«, vorausgesetzt, Sie haben selbst Einfluss auf deren Realisierung. Berücksichtigen Sie auch hier die drei Ziel-Kriterien (siehe das Kap. »Schlüssel Nr. 4«). Unterteilen Sie große Wünsche in machbare Etappen, die in Ihrem Einflussbereich liegen.

> Keine Angst vor Niederlagen! Wichtig ist allein, dass Sie ins Tun und damit in Ihre Selbstwirksamkeit kommen. Jedes Handeln bringt Sie weiter als alle Sorgen und Grübeleien.

Kraftquelle Nr. 12: Freude und Begeisterung als Energie-Booster

Etwas gerne zu machen, hat eine enorme Kraft und Wirkung auf alles, was Sie tun. Es ist wie Dünger für Ihre Selbstwirksamkeit. Je lieber Sie etwas machen, desto motivierter sind Sie bei der Sache und desto mehr Energie haben Sie dafür.

Positiver Stress ist – in gesunden Maßen – eine wichtige Motivations- und Kraftquelle für Ihre Selbstwirksamkeit.

DENKanstoß & FÜHLimpuls

- Was fällt Ihnen schwer? Was demotiviert Sie?
- Was machen Sie gerne? Was motiviert Sie?
- Reduzieren Sie demotivierende Zustände, so z. B. auch durch eigene Vorschläge, durch selbst herbeigeführte Veränderungen.
- Meiden Sie demotivierende Menschen, soweit dies in Ihrem Einflussbereich liegt.
- Schaffen Sie sich in Ihrem Umfeld motivierende Rahmenbedingungen.
- Verändern und gestalten Sie Ihr Leben motivierend.

Kraftquelle Nr. 13: Sprechen Sie eine selbstwirksame Sprache

Was und wie wir denken, wird auch in unserer Sprache deutlich. Doch auch andersherum können wir die Wirkung beeinflussen: Mithilfe einer bewussten Sprache können wir unser Lebensgefühl und unser Denken positiv beeinflussen. Manchmal reichen einfache Veränderungen in der Wortwahl, um unsere Selbstwirksamkeit spürbar zu stärken.

Selbstwirksamkeits-Sprach-Guide	
Statt schwächend/indirekt:	**Besser stärkend/direkt:**
»Ich muss …«	»Ich will, ich wähle, ich werde, ich entscheide …«
»Ich könnte …«	»Ich kann …«
»Ich möchte …«	»Ich will, ich werde …«
»Ich weiß noch nicht so genau …«	»Ich sage dir morgen früh Bescheid.«
»Man könnte das auch so und so sehen …«	»Ich sehe das so …«
Nichts zu sagen, wenn Ihnen jemand hilft oder Sie unterstützt.	»Danke!«
Zu schweigen bei eigenen Fehlern.	»Entschuldigung!«
Zu schweigen, wenn ein anderer etwas bewirkt.	»Super, das hilft uns weiter. Klasse!«,»Gut gemacht!«
Zu vermuten, was der andere meint.	»Verstehe ich das richtig, dass …? Brauchst du/Wünschen Sie …?«
Unausgesprochener Erwartungen	Wünsche formulieren
»Du müsstest doch wissen, dass ich …«	»Mir ist wichtig, …«

Selbstwirksamkeits-Sprach-Guide	
Statt schwächend/indirekt:	**Besser stärkend/direkt:**
»Mal schauen.«	»Ja/Nein.«
Füllwörter wie z. B. eigentlich, sozusagen, ein bisschen, irgendwie, ein Stück weit ...	Füllwörter ersatzlos streichen

Kraftquelle Nr. 14: Besinnen Sie sich auf sich selbst

Oft richten wir uns an dem aus, was andere denken, was andere sagen, wie andere uns sehen, wie wir sein sollten. Selbstwirksamkeit sieht anders aus: Hier sind der Maßstab die eigenen Erfahrungen und die Frage, was Sie daraus ableiten.

DENKanstoß & FÜHLimpuls
▪ Machen Sie Ihre Bemühungen um eine Sache von der Meinung anderer abhängig? Wenn ja, wie hoch auf einer Skala von 1 bis 10 erleben Sie dann Ihre Selbstwirksamkeit?
▪ Wie können Sie selbst durch Ihr Denken und die damit verbundenen Gefühle zu Ihrer Selbstwirksamkeit beitragen?
▪ Welches Verhalten erleben Sie als zielführend, welches Verhalten führt Sie regelmäßig zu Schwierigkeiten?
▪ Welches Denken schwächt, welches Denken stärkt Sie?
▪ Was haben Sie über sich und Ihre Stärken gelernt im Leben?
▪ In welchen Momenten erleben Sie sich als besonders selbstwirksam?
▪ Was haben Sie von anderen Menschen über sich schon erfahren, was Sie selbst übersehen haben?
▪ Was können Sie von anderen lernen und sich abschauen?

Kraftquelle Nr. 15: »Ja, ich kann, obwohl ...!«

Meist gibt es auf dem Weg zu unseren Zielen die eine oder andere Hürde – manchmal ist sie klein, manchmal scheint sie schier unüberwindlich zu sein. Ob Sie sie letztlich überwinden, hat in erster Linie mit Ihrem Glauben und Ihrer Überzeugung zu tun. Realisieren Sie die Hürden und finden Sie eine zuversichtliche Haltung dazu. Um einen ersten Schritt zu gehen oder um eine Hürde nicht zum Stolperstein werden zu lassen, sind bestärkende »Ja-obwohl«-Sätze hilfreich:

- »Ja, ich bin sicher, dass ich den Termin einhalten kann, obwohl es dafür noch einiges zu tun gibt.«
- »Ja, ich kann diese Reise alleine machen, obwohl ich noch nie alleine unterwegs war.«
- »Ja, ich traue mir zu, dass ich mich gut präsentieren kann, obwohl ich neu im Team bin.«
- »Ja, ich glaube, ich kann ..., obwohl ...«
- »Ja, ich kann ..., obwohl ...«

> Es gibt immer zwei Wege: Sie können sich selbstwirksam oder ausgeliefert fühlen.

DENKanstoß & FÜHLimpuls

- Welches Ziel möchten Sie in nächster Zeit angehen?
- Was für Unsicherheiten gibt es bei diesem Vorhaben? Was könnte Ihnen dabei im Wege stehen?
- Wie fühlen Sie sich, wenn Sie bewusst denken, Sie können gar nichts dafür tun?
- Wie ist Ihr inneres Erleben, wenn Sie einen »Ja, ich kann ..., obwohl«-Satz formulieren?

Kraftquelle Nr. 16: Füttern Sie den richtigen Wolf

Eine Indianerweisheit besagt, dass in uns ein Kampf zwischen zwei Wölfen tobt.

- Der eine Wolf kämpft mit den Waffen Angst, Ärger, Neid, Eifersucht, Sorgen, Gier, Arroganz, Selbstmitleid, Lügen, Überheblichkeit, Egoismus und Missgunst.
- Der andere Wolf kämpft mit Liebe, Freude, Frieden, Hoffnung, Gelassenheit, Güte, Mitgefühl, Großzügigkeit, Dankbarkeit, Vertrauen und Wahrheit.

Sie wollen wissen, welcher Wolf gewinnt? Es gewinnt der, den SIE füttern. Füttern Sie also den richtigen Wolf!

Für unser Thema übersetzt bedeutet das, dass Sie sich immer wieder auf Ihre Position als Ich in der Mitte Ihrer vielen inneren Anteile besinnen. Übernehmen Sie die Regie. Schubsen Sie Ihren inneren Kritiker weg vom Steuerrad und stellen Sie sich selbst dorthin. Entlarven Sie ganz bewusst hinderliche Überzeugungen, Muster und Einstellungen. Justieren Sie Ihren Wahrnehmungsfilter (siehe Kap. »Bewertungen und Maßstäbe«) – und füttern Sie den Wolf, der Sie seelisch nährt.

Kraftquelle Nr. 17: Verliebt in die Selbstwirksamkeit

»Man muss ins Gelingen verliebt sein, nicht ins Scheitern«, sagte treffend der deutsche Philosoph Ernst Bloch. Fokussieren Sie sich auf all die Dinge, die Ihnen gelungen sind und gelingen.

- Legen Sie ein Selbstwirksamkeits-Tagebuch an. Schreiben Sie dort jeden Tag drei Dinge auf, die Ihnen gelungen sind. Beachten Sie dabei auch die kleinen Erlebnisse!
- Feiern Sie Ihr Gelingen.

Wie Sie andere in ihrer Selbstwirksamkeit stärken

Firmen, Teams, Vereine, gemeinnützige Organisationen, Parteien, unsere Gesellschaft, die Familie – jede Gemeinschaft, jede Gruppe will aus eigener Kraft etwas bewirken. Selbstwirksamkeit ist also nicht nur ein Thema des Einzelnen, sondern etwas, das uns alle angeht.

Mehr Selbstwirksamkeit im Team und Unternehmen

Je bewusster sich die einzelnen Mitglieder ihrer Selbstwirksamkeit sind, desto mehr profitiert die Gesamtheit davon. Das haben vor allem Unternehmen erkannt: Sie unterstützen ihre Mitarbeiter in ihrer Selbstwirksamkeit – darin, an sich zu glauben, Zweifel zu überwinden, die eigenen Stärken zu erkennen und in diese zu vertrauen. So stärken auch Sie Ihre Kollegen, Mitarbeiter und Ihre Teammitglieder in ihrer Selbstwirksamkeit:

- Bringen Sie anderen Wertschätzung, Anerkennung, Respekt entgegen.
- Trauen Sie Ihren Mitarbeitern, Ihrem Team etwas zu, geben Sie ihnen Verantwortung und stärken Sie sie in einem effizienten Selbstmanagement.
- Gehen Sie selbst mit bestem Beispiel voran: Leben Sie Selbstwirksamkeit vor, berichten Sie von kleinen und großen Erfolgen Ihres Wirkens.
- Zeigen Sie Gefühl! Vor allem Führungskräfte neigen dazu, Gefühlsäußerungen zu vermeiden, um damit »Stärke« zu beweisen und nicht schwach zu wirken. Doch nicht die Gefühle lassen uns in den Augen anderer schwach erscheinen, sondern deren Unterdrückung.
- Nehmen Sie die anderen ernst – auch in ihren Ängsten.
- Erinnern Sie sie an all die kleinen und großen Ergebnisse und Erfolge, die überwundenen Krisen, die Stärken.
- Trauen Sie Ihnen etwas zu.

- Bieten Sie nicht gleich Ihre fertige Lösung an, sondern unterstützen Sie andere beim Finden von Lösungswegen.
- Feiern Sie Erfolge.
- Stärken und unterstützen Sie andere in ihrer Eigenart und Einzigartigkeit. Ermutigen Sie sie, ohne zu drängen.
- Hören Sie sich nicht jahrelang aus Höflichkeit immer wieder die gleichen Klagen an. Sagen Sie, wie es Ihnen geht, wenn der andere sich gar nicht bewegt.
- Akzeptieren Sie es, wenn der andere sich nicht bewegen möchte. Das ist sein Recht.

Selbstwirksamkeit für Ihre Kinder

Sie können ganz bewusst einiges tun, um Kinder in ihrer Selbstwirksamkeit und ihrem Glauben an sich zu stärken.

- Nehmen Sie sie ernst in ihren Ängsten und Problemen.
- Heben Sie einzelne Fortschritte hervor, nicht nur das Ergebnis oder die Leistung.
- Richten Sie Ihren Fokus auf das, was gelingt, und nicht auf das, was nicht klappt.
- Trauen Sie Ihren Kindern etwas zu, denn sie spüren das. Sie erleben sich durch Sie gestärkt: »Da glaubt jemand an mich!«
- Geben Sie Kindern Raum für Gestaltung, angemessene Teilverantwortung, für das Ausprobieren und das Abwägen. Lassen Sie sie Erfahrungen sammeln: Warten Sie erst ab, fragen

Sie, wenn es nicht weitergeht, und greifen Sie erst dann ein, wenn es nötig wird.

- Unterstützen Sie sie bei der Zielfindung. Auch die Ziele Ihrer Kinder sollten herausfordernd und erreichbar sein.
- Geben Sie ihnen Sicherheit und Orientierung durch klare Regeln und Grenzen.
- Zeigen Sie Respekt und Achtsamkeit vor anderen Herangehensweisen.
- Zeigen Sie Wertschätzung auch für Mini-Schritte.
- Seien Sie selbst Vorbild für Selbstwirksamkeit: Vertrauen Sie sich selbst und Ihrem Kind.

Literatur

Amann, Ella Gabriele, Resilienz, Haufe 2015.

Auch-Schwelk, Annette, Erfolgreich mit Selbstbewusstsein: Das »Ich bin Ich«-Prinzip, Haufe 2014.

Auch-Schwelk, Annette, Wut und Ärger: Gut umgehen mit starken Gefühlen, Haufe 2018.

Esch, Tobias, Der Selbstheilungscode: Die Neurobiologie von Gesundheit und Zufriedenheit, Beltz 2017.

Fritsch, Gerlinde R., Der Gefühls- und Bedürfnisnavigator: Gefühle & Bedürfnisse wahrnehmen, Junfermann 2012.

Hüther, Gerald, Die Macht der inneren Bilder, Vandenhoeck & Ruprecht 2014.

Hüther, Gerald, Was wir sind und was wir sein könnten: Ein neurobiologischer Mutmacher, FISCHER Taschenbuch 2013.

Ferrucci, Piero, Werde was du bist. Selbstverwirklichung durch Psychosynthese, Rowohlt 2001.

Stahl, Stefanie, Das Kind in dir muss Heimat finden, Kailash Verlag 2015.

Schneider, Wolfgang/Lindenberger, Ulman (Hrsg.), Entwicklungspsychologie (vormals Oerter & Montada), Beltz 2012.

Stichwortverzeichnis

Impressum

Bibliografische Information der Deutschen Nationalbibliothek
Die Deutsche Nationalbibliothek verzeichnet diese Publikation in der Deutschen Nationalbibliografie; detaillierte bibliografische Daten sind im Internet über http://www.dnb.dnb.de abrufbar.

Print:	ISBN: 978-3-648-10759-1	Bestell-Nr.: 10744-0001
ePub:	ISBN: 978-3-648-10761-4	Bestell-Nr.: 10744-0100
ePDF:	ISBN: 978-3-648-10760-7	Bestell-Nr.: 10744-0150

Ingrid Barouti
Selbstwirksamkeit aufbauen – Wie Sie Herausforderungen aus eigener Kraft bewältigen
1. Auflage 2018

Redaktionsanschrift: Fraunhoferstraße 5, 82152 Planegg/München
Internet: www.haufe.de
E-Mail: online@haufe.de
Redaktion: Jürgen Fischer

Konzeption, Realisation und Lektorat: Nicole Jähnichen, www.textundwerk.de
Umschlagentwurf: RED GmbH, Krailling
Umschlaggestaltung: Kienle gestaltet, Stuttgart
Satz: Reemers Publishing Services GmbH, Krefeld

Die Autorin

Ingrid Barouti

ist seit dem Jahr 1987 in der Weiterbildung aktiv. Die Betriebspädagogin war zunächst lange Jahre im Produkt- und Programm-Management sowohl für nationale als auch für internationale Weiterbildungs-Unternehmen auch in Führungspositionen tätig. Seit 2004 ist sie selbstständig als Beraterin, Persönlichkeitstrainerin, Dozentin, Moderatorin und Coach. Mit ihren Ausbildungen und ihrer langjährigen Praxiserfahrung unterstützt sie Menschen in Veränderungsprozessen. Ihre Schwerpunkte sind Resilienz, Stressbewältigung, Persönlichkeits- und Potenzialentwicklung. Mit ihrer zusätzlichen Qualifikation als Heilpraktikerin (Psychotherapie) und als zertifizierte Entspannungspädagogin führt sie eine psychologische Praxis in Düsseldorf. Seit 2010 ist sie außerdem Fortbildungsleiterin für »Praktische Psychosynthese« und bildet angehende Heilpraktiker (Psychotherapie) und Coaches in diesem psychologischen Verfahren aus. Ihre Arbeit fand auch Beachtung in den Medien (TV und Presse). Mehr Informationen unter www.ingrid-barouti.de.

Dank

Herzlichen Dank an Jürgen Fischer vom Haufe-Verlag, an meine Lektorin Nicole Jähnichen, an meine Freunde, meine Familie, Lehrer, Klienten und Kursteilnehmer. Ganz besonderen Dank an Annette Auch-Schwelk und Gudula Diesch.